A COMPREENSÃO DO MÉRITO DA FUNÇÃO PATERNA NA ORGANIZAÇÃO DO TRABALHO

CONSELHO EDITORIAL
André Luiz V. da Costa e Silva
Cecilia Consolo
Dijon De Moraes
Jarbas Vargas Nascimento
Luís Augusto Barbosa Cortez
Marco Aurélio Cremasco
Rogerio Lerner

Blucher

A COMPREENSÃO DO MÉRITO DA FUNÇÃO PATERNA NA ORGANIZAÇÃO DO TRABALHO

Elise Stheffany Marques Sato

A compreensão do mérito da função paterna na organização do trabalho
© 2023 Elise Stheffany Marques Sato
Editora Edgard Blücher Ltda.

Publisher Edgard Blücher
Editores Eduardo Blücher e Jonatas Eliakim
Coordenação editorial Andressa Lira
Produção editorial Thaís Costa
Preparação de texto Vânia Cavalcanti
Diagramação Guilherme Salvador
Revisão de texto MPMB
Capa Laércio Flenic
Imagem da capa iStockphoto

Blucher

Rua Pedroso Alvarenga, 1245, 4º andar
04531-934 – São Paulo – SP – Brasil
Tel.: 55 11 3078-5366
contato@blucher.com.br
www.blucher.com.br

Segundo o Novo Acordo Ortográfico, conforme
6. ed. do *Vocabulário Ortográfico da Língua
Portuguesa*, Academia Brasileira de Letras, julho
de 2021.

É proibida a reprodução total ou parcial por
quaisquer meios sem autorização escrita da
editora.

Todos os direitos reservados pela Editora Edgard
Blücher Ltda.

Dados Internacionais de Catalogação
na Publicação (CIP)
Angélica Ilacqua CRB-8/7057

Sato, Elise Stheffany Marques

A compreensão do mérito da função paterna na
organização do trabalho / Elise Stheffany Marques
Sato. – São Paulo : Blucher, 2023.

88 p.

Bibliografia

ISBN 978-65-5506-646-3

1. Psicanálise 3. Burnout (Psicologia) I. Título

23-3111 CDD 150.195

Índice para catálogo sistemático:
1. Psicanálise

*A meu marido Eiki, exímio apoiador e
companheiro de meus estudos psicanalíticos.
À minha família, razão de minha existência.
A Deus.*

Agradecimentos

Primeiramente, gostaria de expressar meus agradecimentos aos meus professores mestres e doutores, que contribuiriam significativamente para a minha formação e estudos psicanalíticos por meio da transmissão psíquica de seus conhecimentos clínicos, técnicos e teóricos sob um viés ético e que, a *posteriori*, foram fundamentais ao desenvolvimento do presente escrito psicanalítico.

À minha primeira analista, agradeço pela experiência inaugural da análise pessoal, representante basilar para minha apreensão acerca dos perigos da contratransferência para o processo analítico.

Aos meus coordenadores e à supervisora do Instituto Brasileiro de Psicanálise Contemporânea (IBPC), meu sincero agradecimento por todas as orientações, ensinamentos e indicações à clínica, que foram imprescindíveis no decurso do meu processo de formação de psicanalista.

Ao meu orientador, agradeço por sua paciência, orientações e grandes ensinamentos que muito me ajudaram na apreensão acerca da temática durante a escrita do presente escrito.

Às minhas figuras maternas, especialmente agradeço à minha mãe, e às minhas avós materna e paterna por terem sido continentes para mim, fundamentais às relações objetais basilares constituintes do meu espaço psíquico e da apresentação de minha existência ao mundo a partir de seus olhares; sem o reconhecimento destes, seria dificultoso compreender a singularidade que diferencia a função materna da função paterna enquanto funções estruturantes do psiquismo.

Às minhas figuras paternas, em destaque meu avô e meu pai, agradeço pelo exercício de sua função paterna enquanto objeto de representatividade simbólica da norma paternal, constituinte e estruturante de minha realidade psíquica, gênese do ímpeto que dinamizou meu desejo pelos estudos psicanalíticos em torno da importância do mérito da função paterna na organização do trabalho.

À minha presente analista, agradeço e devoto meu honesto reconhecimento pela sua exímia postura ética, bem como por sua transmissão psíquica singular, que muito tem me auxiliado na elaboração de meus conteúdos psíquicos durante o processo contínuo da análise pessoal – a quem agradeço por me auxiliar a sonhar o sonho não sonhado, a compreender a importância de sustentar a crença nos meus desejos e a acreditar em minha subjetividade como produto de minha experiência existencial, meu projeto de vida, à qual posso me referenciar seguramente em direção ao autoconhecimento enquanto ser-no-mundo.

Dizem que a vida é para quem sabe viver, mas ninguém nasce pronto. A vida é para quem é corajoso o suficiente para se arriscar e humilde o bastante para aprender.

Clarice Lispector

Conteúdo

1. Introdução   13

2. Síndrome de *burnout*: psicanálise-psicodinâmica do trabalho   23

3. *Burnout*: a fadiga psíquica do trabalhador   41

4. A psicanálise como tratamento da síndrome de *burnout*   65

5. Considerações finais   73

Referências   79

1. Introdução

A síndrome de *burnout*, ou síndrome do esgotamento profissional, trata-se de um conjunto de sinais e sintomas (insônia, ansiedade/angústia, pânico, fobia social, depressão etc.) correlacionados a um quadro de fadiga psíquica em decorrência de cargas psíquicas excessivas presentes na dinâmica adotada pela organização do trabalho, bem como pela forma como são realizadas a divisão de tarefas e a divisão de pessoas, compreendidas no trabalho real e no trabalho prescrito e quase sempre caracterizadas pelos altos níveis de estresse e de fadiga psíquica oriundos de um ambiente de trabalho mortificante do Eu, em que há o desamparo silenciado que permeia a escuridão da existência subjetiva do trabalhador, levando-o ao esgotamento total de suas potências humanas enquanto sujeito-no-mundo e sujeito-trabalho.

Os sujeitos que não têm, em seu ambiente de trabalho, a liberdade, bem como as condições para trabalhar e relacionar-se de maneira intersubjetiva com seus pares do coletivo de trabalho, tendem a se sentir mais angustiados, ansiosos e estressados – possíveis efeitos psíquicos relacionados à dinâmica interpessoal do grupo não

14 INTRODUÇÃO

organizado e representados pelo mal-estar sintomático. As cargas psíquicas são intrínsecas ao trabalho real e ao trabalho prescrito, a questão do sofrimento no trabalho está relacionada ao excesso dessas cargas diante do desamparo da organização do trabalho e ao enfraquecimento do laço social.

O sujeito individual, quando se sente parte integrante de um grupo organizado, está diante de uma relação intersubjetiva balizada pelo amparo da função paterna na organização do trabalho e o laço social fortalecido, ambos atravessados por processos identificatórios, regras de convivência/ofício e coesão. Sob uma perspectiva psicanalítica da psicodinâmica do trabalho, pode-se compreender a síndrome de *burnout* como um possível construto de natureza psicossomática, uma psiconeurose que se aproxima da estrutura psíquica característica da neurose de angústia mista – decorrente da repressão diante do real da atividade que impede o deslocamento da libido ao seu destino sublimatório –, movimento regressivo presente na desfusão pulsional.

Atos de violência psicológica como o assédio moral e sexual nas organizações, assim como o temor pelo desemprego, constituem fatores estressores que acometem a saúde psíquica e a qualidade de vida daqueles que se veem desamparados pelos seus gestores e líderes – representantes simbólicos da função paterna –, responsáveis pela estruturação da equipe e da organização do trabalho perante os desafios institucionais interpostos pelo sistema capitalista (grande Outro), a dinâmica contextual que remete à luta de classes e a crise econômica que se apresentou, e acentuou-se, com o advento da pandemia de Covid-19 em todo o mundo.

Cada ser humano-no-mundo tem uma capacidade singular de elaboração psíquica – originária de seu processo constituinte e de suas relações objetais primárias. Partindo desse pressuposto, ressalta-se a importância da compreensão sobre o mérito da função paterna na organização do trabalho, podendo ser considerado um objeto transicional auxiliador, provendo recursos psíquicos que concedem aporte ao sujeito durante seu processo de elaboração das cargas psíquicas excessivas e intrínsecas à dinâmica laboral cotidiana.

A representação simbólica estabelecida se dá por meio da cristalização do vínculo do reconhecimento de si pelo Outro; ou seja, propiciando a via que conduz à chamada "angústia sinal". Esta por sua vez, atuante enquanto protagonista na proteção do ego e facilitadora dos processos sublimatórios, através dos quais, a dinâmica pulsional regida pela consonância entre o princípio do prazer e o princípio da realidade, contribui substancialmente para com o processo de homeostase (físico e psíquico); consecutivamente, influenciando estados mentais produtores de saúde e doença, assim como, provendo o funcionamento típico (saudável) do sujeito diante das suas vivências existenciais no-mundo.

Uma outra forma de expressão da angústia é denominada "angústia automática ou real", representando a incapacidade do Eu de articular psiquicamente determinado excesso de estimulação, como na síndrome de *burnout,* ou seja, as cargas psíquicas excessivas contribuem com a fadiga e o esgotamento total do trabalhador.

Portanto, articula-se uma possível hipótese em relação às sobrecargas de trabalho não elaboradas e o mal-estar vivenciado pelos trabalhadores mediante o estresse ocupacional – pois, diante de sucessivas frustrações há a fragilização psíquica, desfusão pulsional e para um movimento regressivo e patológico no psiquismo do sujeito, em que essa dinâmica produz aspectos característicos da síndrome de *burnout,* como exemplo: embotamento afetivo, fobia social/pânico, quadro de depressão endógena/melancólica, a possível ideação suicida (*acting out*) e o suicídio propriamente dito ("passagem ao ato"); entre tantos outros sintomas de ordem psicossomática, remanescentes dos processos de sofrimento psíquico

16 INTRODUÇÃO

do sujeito no trabalho quando não encontra saída alternativa para o ato sublimatório pelo qual se expressar e relacionar-se com seus pares, esgotando-se e padecendo.

A elaboração da hipótese se inscreve sobre a possível associação entre a repressão de afetos no trabalho e o aumento do *quantum* de energia provocado pela tensão psíquica – resultante deste conflito intrapsíquico – atravessado pela angústia advinda do desamparo da norma paternal como organizador e provedor de recursos psíquicos que auxiliem na elaboração das cargas psíquicas excessivas, ocupando o lugar de objeto transicional no processo de constituição de vínculos identificatórios entre o sujeito, a organização do trabalho e o coletivo.

Um ambiente organizacional mediado por uma liderança autocrática torna-se produtor de cargas psíquicas excessivas de trabalho que contribuem para a exaustão emocional, física e psíquica, comprometendo a saúde e a qualidade de vida dos sujeitos em sua esfera biopsicossocial.

Trabalhadores de vários setores organizacionais e da educação como: os professores, os prestadores de serviços, os bancários e os profissionais da saúde em larga escala são tidos, na contemporaneidade, por categorias profissionais com altos índices de adoecimento e afastamento laborais. O contexto enunciado, apresenta-se como fator de risco à saúde do trabalhador, visto que a crise econômica afeta diretamente o modo como as organizações do trabalho, tal como os trabalhadores, relacionam-se com a esfera do trabalho. Não obstante, os estados de saúde e doença, em virtude da pandemia da Covid-19, tornaram-se flutuantes e agravantes à saúde ocupacional dos sujeitos.

Dentre os diversos fatores de risco à saúde ocupacional, pode-se ressaltar a presença acentuada das altas cargas de estresse – muitas das vezes relacionadas às cobranças de metas excessivas, má distribuição de tarefas, precarização do trabalho, falta de recursos materiais, e ainda mais, à ausência de uma gestão competente orientada à estruturação e organização do trabalho. Portanto, esta ausência pode significar a presença de uma liderança – autoritária e ou liberal – insuficientemente boa à manutenção do clima organizacional e da qualidade vincular entre a subjetividade e o sentido do trabalho na organização do trabalho.

Diante deste contexto, dá-se a precarização do trabalho, logo, os processos de sofrimento e de adoecimento que precedem a significação do desamparo simbólico da norma paternal por parte da liderança autocrática ou liberal presentes na gestão dos recursos humanos e dos capitais intelectuais.

Por conseguinte, diante da ausência de uma liderança democrática – aquela que apoia, acolhe e ampara o trabalhador, seja a partir das estratégias de enfrentamento (*coping*), seja na facilitação do processo elaborativo associado à presença massiva de sobrecargas de trabalho – estabelece-se o processo de desorganização psíquica (quebra da homeostase) que pode vir à decorrer no adoecimento ocupacional. As cargas psíquicas associadas ao trabalho real e ao trabalho prescrito, orientados à prestação de serviços em larga escala, são intrínsecos à esfera contemporânea do trabalho, portanto, a relação entre saúde mental-trabalho diz respeito ao *modus operandi* da liderança na gestão da organização do trabalho.

O ambiente organizacional, quando presidido por uma liderança democrática, adota e atua simbolicamente de acordo com a função paterna na organização do trabalho e, respectivamente, em suas relações interdependentes, em que há a possibilidade de que um ambiente de trabalho suficientemente bom produza efeitos psíquicos benéficos a curto, médio e longo prazos, visando a prevenção, a redução de danos e a promoção da saúde no ambiente de trabalho.

De forma geral, a compreensão do mérito da função paterna na organização do trabalho busca a clarificação acerca do funcionamento

18 INTRODUÇÃO

psíquico do sujeito frente às demandadas e às cargas psíquicas contingentes presentes na correlação homem-trabalho. Dessa forma, propiciam-se novas reflexões ao estudo da relação saúde-doença no trabalho e constrói-se uma articulação associacionista entre conceitos psicanalíticos, ortodoxos e contemporâneos e os psicodinâmicos dejourianos a respeito do funcionamento psíquico e a síndrome de *burnout*.

Muito se tem discutido, na contemporaneidade, a relação homem-trabalho e saúde-doença. Muitos estudos estão em desenvolvimento e buscam a compreensão das doenças psicossomáticas e sua possível correlação com fatores biopsicossociais. O mal-estar sentido pelos trabalhadores expostos às cargas psíquicas no ambiente de trabalho faz jus à repressão de afetos, bem como à falta simbólica da norma paternal na organização do trabalho, pois os sujeitos não podem se expressar livremente, ou são remetidos a demandas que os sobrecarregam física e psiquicamente e de forma demasiada, levando ao esgotamento total do sujeito, à fadiga psíquica no *burnout*. Fatores estressores como cargas psíquicas não elaboradas coabitam a cadeia de significantes em torno da expectativa angustiada que tende a se organizar *a posteriori* no que poderia ser pensado como sendo a neurose de angústia. Portanto, qual a importância da compreensão acerca do mérito da função paterna na organização do trabalho mediante a constatação da fadiga psíquica na síndrome de *burnout*?

O presente trabalho tem como objetivo geral apresentar a importância da compreensão do mérito da função paterna na organização do trabalho mediante a fadiga psíquica na síndrome de *burnout*, como modo de prevenção, redução de danos e promoção da saúde psíquica no trabalho, com a finalidade de buscar o benefício da compreensão acerca de como cargas psíquicas contribuem para essa síndrome por meio do estudo psicanalítico acerca da psicodinâmica do trabalho.

Ao pesquisar como a organização do trabalho e a liderança autocrática contribuem com cargas psíquicas que resultam na síndrome de *burnout*, será possível conhecer os conceitos sobre o que é saudável e patológico, bem como a dinâmica pulsional que os atravessam, o que levará ao exame do trabalho como fonte de prazer e de sofrimento psíquico para, logo mais, descrever a fadiga psíquica enquanto gênese do estado de depressão melancólica e da ideação suicida na síndrome de *burnout*; por fim, apresentando a psicoterapia psicanalítica e o manejo da síndrome como via de prevenção, redução de danos e promoção da saúde no trabalhador.

A partir do dilema da fadiga psíquica na síndrome de *burnout*, a presente pesquisa pretende compreender o mérito da função paterna na organização do trabalho. A hipótese se inscreve na possível associação entre a repressão de afetos no trabalho e o aumento do *quantum* de energia provocado pela tensão psíquica resultante do conflito psíquico atravessado pela angústia que surge em virtude da falta de identificação com o Outro.

A presente pesquisa deseja contribuir para com o campo das pesquisas psicanalíticas acerca da esfera da relação homem-trabalho e saúde-doença, beneficiando a população em geral através do conhecimento e conscientização sobre a compreensão das cargas psíquicas e sua possível correlação com a síndrome de *burnout*.

Para a construção do presente escrito, foram utilizadas pesquisas de natureza bibliográfica em livros físicos e virtuais, como também artigos encontrados nas plataformas: Google Acadêmico, Google Livros, Literatura Latino-Americana e do Caribe em Ciências da Saúde (Lilacs), Portal Biblioteca Virtual em Saúde (BVS), BVS Brasil, Portal de Revistas da Universidade de São Paulo (USP), Periódicos Coordenação de Aperfeiçoamento de Pessoal de Nível Superior (Capes), SciELO Livros.

Objetivando um estudo mais abrangente acerca do tema, estabeleceu-se uma pesquisa aplicada e exploratória. Constatou-se também a importância da pesquisa de natureza bibliográfica em razão da busca por conteúdos já elaborados como livros, artigos científicos, revistas, documentos eletrônicos e demais, conforme os mencionados anteriormente, respeitando-se uma relação de aproximadamente 190 artigos referentes às palavras-chave "síndrome *burnout*", "fadiga psíquica", "saúde-trabalho", "função paterna", "psicossomática".

Visando a clarificação e a compreensão sobre o mérito da função paterna na organização do trabalho como modo de prevenção, redução de danos e promoção da saúde psíquica no trabalho, realizou-se uma análise associacionista entre conceitos psicanalíticos, ortodoxos e contemporâneos e os psicodinâmicos dejourianos, sob um viés filosófico heideggeriano acerca do homem-no-mundo, assim como correlacionando demais abordagens elaboradas por diversos autores.

Desejando promover maior familiaridade com o assunto em questão, utilizaram-se as obras e escritos de Christophe Dejours, por exemplo: *A loucura do trabalho* (1987); *Por um novo conceito de saúde* (1986) – obras em que o autor apresenta a psicopatologia do trabalho sob um viés psicanalítico, dando luz ao termo "psicodinâmica do trabalho", que viria a contemplar a dinâmica do funcionamento psíquico do sujeito na relação homem-trabalho e saúde-doença, enunciando conceitos como o de cargas psíquicas (sobrecargas e subcargas), organização do trabalho (divisão de tarefas, divisão dos homens) composta pelo conteúdo das tarefas e as relações humanas e, ainda, apresenta reflexões sobre o saudável e o patológico e sua relação com prazer e sofrimento psíquico no trabalho, em que a sublimação pode ser compreendida como um mecanismo de defesa eficaz diante das demandas repressivas que sobrecarregam o funcionamento psíquico do trabalhador e que contribuem para o aumento de tensão e do desprazer sobre o ego, desgastando-o e dando origem a quadros de ansiedade e processos psicossomáticos; outros autores desse escopo são: Edith Seligmann Silva e seu artigo *A inter-relação trabalho-saúde mental:*

um estudo de caso (1992); e Wanderley Codo com *Saúde mental e trabalho* (1999).

Devido à vasta produção literária no campo dos estudos psicanalíticos, este trabalho necessitou optar pela leitura de algumas obras freudianas específicas que contemplassem o embasamento teórico para a construção do raciocínio basilar da pesquisa em questão sobre o mérito da função paterna na organização do trabalho, e suas possíveis articulações com a síndrome de *burnout*.

Alguns dos principais escritos são os *Estudos sobre a histeria* (1895); *A interpretação dos sonhos* (1900); *Introdução ao narcisismo* (1914); *O recalque* (1915); *O inconsciente* (1915); *Luto e melancolia* (1917[1915]); *Conferências introdutórias sobre a psicanálise* (1917); *Psicologia das massas e análise do eu* (1921); *O Eu e o Isso* (1923); *Inibição, sintoma e angústia* (1926); e demais obras citadas no decorrer deste trabalho. Por meio desses escritos, obteve-se o conhecimento substancial acerca da metapsicologia freudiana e da psicodinâmica dos processos mentais inconscientes. Percorrendo diversos escritos elaborados por outros autores de estudos psicanalíticos, como dos psicanalistas Elizabeth Roudinesco e Michel Plon em seu *Dicionário de Psicanálise* (1988) e de Roland Chemama com o *Dicionário de Psicanálise Larousse* (1995), entre outros mais que integram a psicanálise contemporânea. Logo, baseando-se na classificação exploratória descritiva aliada à pesquisa bibliográfica, foi possível compreender mais claramente os fenômenos psíquicos em torno da temática da síndrome de *burnout*.

Este livro está organizado em três capítulos, apresentados a seguir. O primeiro refere-se ao panorama conceitual acerca da síndrome de *burnout*, psicanálise e da psicodinâmica do trabalho, bem como à apresentação de conceitos basilares sobre o saudável, o patológico e a dinâmica pulsional, além da apreensão do trabalho como fonte de prazer e de sofrimento psíquico. O segundo capítulo versa a respeito

22 INTRODUÇÃO

da síndrome de *burnout* e a fadiga psíquica do trabalhador, como a possível relação entre a liderança autocrática e as cargas psíquicas excessivas e o ambiente de trabalho mortificante do Eu, a depressão endógena (melancólica) e o risco de suicídio nos casos da síndrome de *burnout* – ações de prevenção e posvenção ao suicídio. O terceiro capítulo diz respeito à psicoterapia psicanalítica e ao manejo da síndrome de *burnout*, como também sobre a importância da prevenção (e posvenção) ao suicídio, redução de danos e promoção da saúde psíquica no trabalho.

2. Síndrome de *burnout*: psicanálise-psicodinâmica do trabalho

A síndrome de *burnout,* ou síndrome do esgotamento profissional, é um conjunto de sinais e sintomas (insônia, ansiedade/angústia, pânico, fobia social, depressão etc.) correlacionados a um quadro de fadiga psíquica patológica, possivelmente em decorrência de cargas psíquicas excessivas presentes na dinâmica adotada pela organização do trabalho, bem como pela forma como são realizadas a divisão de tarefas e a divisão dos homens, compreendidas no trabalho real e no trabalho prescrito, caracterizadas constantemente pelos altos níveis de estresse oriundos de um ambiente de trabalho mortificante do Eu. Segundo a Portaria n. 1.339/99, do Ministério da Saúde, a síndrome de *burnout* é classificada no grupo II, e ou grupo III, como outros transtornos neuróticos, entre o rol de transtornos mentais e do comportamento associados ao trabalho.

Segundo Peyon (2018), Dejours considera elementos da relação entre o trabalhador e a organização do trabalho: a fadiga, o sistema frustração-agressividade reativo e a organização do trabalho. Pode-se dizer que a gênese da fadiga psíquica está associada à relação antagônica entre as possibilidades de expressão do sujeito, diante do seu corpo naturalmente erótico, e os comportamentos exigidos dele pela organização do trabalho.

Conforme já explicado neste trabalho, é interessante, aliás, afirmar que a organização de trabalho produz efeitos sobre a dinâmica psíquica dos sujeitos exigidos excessivamente pelo cumprimento de cargas psíquicas diversas no ambiente laboral.

As sucessivas exigências sobre o comportamento dos trabalhadores, em relação às demandas associadas às sobrecargas de trabalho, podem intensificar as cargas de estresse que incidem nos estados de fadiga; não obstante, a gênese das idealizações constituintes dos processos identificatórios, que muitas das vezes reforçam o aumento de tensão psíquica pelo fato da coexistência do medo dos sujeitos não conseguirem corresponder a essas expectativas, frequentemente, torna-se um fator agravante que intensifica o estado ansiogênico, logo, gerando a sensação, ou estado de pânico.

O trabalho é um ambiente em que também se propicia saúde na relação homem-trabalho. Segundo Santos (2009), "o excesso de trabalho também causaria depressão e a síndrome de *burnout*" (p. 62) Portanto, devido à sobrecarga de trabalho há desequilíbrio da dinâmica pulsional, ou seja, desfusão pulsional. Visto que a existência preponderante de cargas psíquicas não elaboradas corroboram significativamente para a quebra da homeostase psíquica.

Diante da ausência simbólica de um(a) representante da norma paternal na organização do trabalho, há maiores probabilidades de que o ambiente laboral se torne mortificante do Eu; pois, a inexistência de reconhecimento sobre a subjetividade do trabalhador interfere diretamente no processo constituinte de sua identidade profissional, bem como sobre sua percepção e motivação para desempenhar sua função ocupacional.

A partir de uma perspectiva crítica da Psicologia Organizacional e do Trabalho (POT), pautada pela ética utilitarista, a gestão orientada ao modelo de liderança democrática busca pela instituição de regras de convivência que estruturam e organizam o campo social, facilitando o fortalecimento do laço social entre os pares e beneficiando à cristalização dos vínculos identificatórios existentes entre o sujeito, o trabalho, a liderança e a cultura organizacional.

De acordo com Codo (2006), o trabalho se expressa como um modo de existência do ser humano no mundo, uma relação homem-trabalho que compreende todas as esferas que envolvem sua atividade, seus afetos, sua consciência, traduzindo claramente sua importância na correlação entre a organização do trabalho e os processos de adoecimento psíquico que acomete os trabalhadores em seu labor. O autor deixa claro seu posicionamento acerca da questão levantada quando expressa a seguinte reflexão: "o que permite que os sintomas se escondam em todos os lugares: quem garante que o chute no cachorro ao retornar para casa não se deve a razões de ordem profissional?".

Pode-se dizer que existe um tipo de ganho na produtividade para a organização do trabalho adquirida pelo processo de sofrimento do trabalhador; conforme mencionado pelo autor, os mecanismos de defesa que contribuem com a canalização da raiva e transformam-na em produtividade confirmam o que Dejours (1992, p. 103) escreveu: "o trabalho não causa o sofrimento, é o sofrimento que produz o trabalho".

O mais preocupante, contudo, é constatar que essa relação perversa entre trabalhador e organização de trabalho é de um eixo produtor de sofrimento, visto que o mundo é regido pelo sistema capitalista selvagem voltado ao mercado de consumo, o que colide com cobranças exorbitantes de produtividade inesgotáveis que objetificam os profissionais da educação, da saúde e os demais como os bancários, tirando-os a subjetividade e o sentido do trabalho. Não é exagero afirmar que tantos profissionais estão adoecendo psiquicamente, e é importante que exista investimento sobre pesquisas científicas em torno da temática emergente que engloba os casos de *burnout* como eventos sentinela nas organizações.

Ora, em tese, sob uma perspectiva psicanalítica da psicodinâmica do trabalho, conforme já aqui explicado, pode-se compreender melhor a psicodinâmica na síndrome de *burnout* como, por exemplo, um possível construto de natureza psicossomática, como uma psiconeurose que se assemelha à estrutura característica da neurose de angústia mista. É importante considerar que as contribuições conceituais dejourianas acerca da psicodinâmica do trabalho corroboram a hipótese em questão relacionada à importância da compreensão do mérito da função paterna na organização do trabalho como provedora de representações simbólicas e vinculares que propiciem a relação saúde mental-trabalho.

> ... *a saúde para cada homem, mulher ou criança é ter meios de traçar um caminho pessoal e original em direção ao bem-estar físico, psíquico e social. A saúde, portanto, é possuir esses meios. ... O que significa possuir esses meios e o que é esse bem-estar? Creio que para o bem--estar físico é preciso a liberdade de regular as variações que aparecem no estado do organismo; temos o direito de ter um corpo que tem vontade de dormir, temos o direito de ter um corpo que está cansado (o que não é forçosamente anormal) e que tem vontade de repousar. A saúde é a liberdade de dar a esse corpo a possibilidade de repousar, é a liberdade de lhe dar de comer quando ele tem fome, de fazê-lo dormir quando ele tem sono, de fornecer-lhe açúcar quando baixa a glicemia. É, portanto, a liberdade de adaptação. Não é anormal estar cansado, estar com sono. Não é, talvez, anormal ter uma gripe, e aí*

vê-se que isso vai longe. Pode ser até que seja normal ter algumas doenças. O que não é normal é não poder cuidar dessa doença, não poder ir para a cama, deixar-se levar pela doença, deixar que as coisas sejam feitas por outro durante algum tempo, parar de trabalhar durante a gripe e depois voltar. Bem-estar psíquico, em nosso entender, é, simplesmente, a liberdade que é deixada ao desejo de cada um na organização de sua vida. E por bem-estar social, cremos que aí também se deve entender a liberdade, é a liberdade de se agir individual e coletivamente sobre a organização do trabalho, ou seja, sobre o conteúdo do trabalho, a divisão das tarefas, a divisão dos homens e as relações que mantêm entre si. (Dejours, 1986, p. 11)

Conforme o autor, um ponto crucial que diz respeito à temática da síndrome de *burnout* e às cargas psíquicas na organização do trabalho é a liberdade para se ter saúde mental-trabalho. Logo, estar doente e estar saudável é normal, entretanto o que se torna nocivo à saúde mental-trabalho é não poder ter a liberdade para adoecer. O autor deixa claro que a liberdade para se expressar, desejar e agir é fundamental para a estabilidade psíquica do sujeito enquanto ser biopsicossocial.

A organização do trabalho, na relação saúde mental-trabalho, está correlacionada com o processo de saúde e estado de bem-estar do trabalhador. Uma liderança democrática pode representar simbolicamente a norma paternal na organização do trabalho, em prol da cidade organizacional e pela liberdade de ser, sentir e agir. Portanto, busca propiciar por meio dos estudos sobre ergonomia, a construção de um ambiente confortável e satisfatório para se trabalhar, estando inclinado à prevenção e à promoção da saúde ocupacional. Por meio do olhar humanizado e inclusivo da liderança democrática, enquanto gestor(a) e representante simbólico e fálico, a gestão pode construir estratégias de enfrentamento (*coping*), dentre outros possíveis recursos psicoeducativos que concedam aporte ao sujeito, tal como ao coletivo de acordo com as demandas psíquicas associadas ao trabalho (real e prescrito) e que precisem de apoio para sua elaboração psíquica.

A partir do reconhecimento do sofrimento ético e da potencialidade do sofrimento criativo para gestão de desempenho, ressalta-se à importância da aprendizagem organizacional e da implantação de políticas organizacionais voltadas à criação de espaços públicos facilitadores à acolhida e escuta daqueles que se encontram em processo de sofrimento psíquico.

Vê-se, pois, contudo, que essa realidade do universo do mercado de trabalho é a tradução marxista da mercantilização da vida, em que há a objetificação do capital humano enquanto ser-no-mundo. Segundo Dejours (1992): "a vida mental do trabalhador é dominada pela organização do trabalho, seus desejos e sua subjetividade são ocultados, relegados a uma clandestinidade". A síndrome de *burnout* é um sintoma desse sistema capitalista selvagem, que reprime as possibilidades de expressão do trabalhador no ambiente de trabalho, esgotando-o em sua totalidade de potências e adoecendo-o psicossomaticamente pela supressão de seus afetos.

O saudável e o patológico: a dinâmica pulsional

A dinâmica pulsional para a psicanálise, inicialmente, diz respeito às pulsões sexuais e às pulsões do eu. Posteriormente, muitas das concepções freudianas precisaram ser reformuladas, inaugurando o segundo dualismo, com os conceitos de pulsão de vida – significando a energia vital (libidinal) à qual Freud faz associação com o deus Eros da mitologia romana, o cupido –, e o de pulsão de morte – associado a Tanatos, a personificação da morte. Eros representa a energia de vida, sexual, libidinal, pela qual grandes artistas canalizam suas pulsões em processos sublimatórios que lhes concedem o prazer no processo de criação de suas obras, e Tanatos representa a autodestrutividade.

Escritoras como Cecília Meirelles e Clarisse Lispector sublimam suas demandas pulsionais atreladas à melancolia por meio da articulação do discurso poético, como um ato de subjetivação do sofrimento psíquico ao se depararem com o real da existência-no-mundo; outros tantos são os artistas, músicos, estudiosos que recorrem ao mesmo mecanismo defensivo, bem como os trabalhadores no processo de criação no trabalho, movimento em busca da redução de tensão psíquica originária do conflito da dinâmica pulsional entre a pulsão de vida e a pulsão de morte (Werneck, 2021, p. 136).

O dualismo pulsional entre a pulsão de vida e a de morte se apresenta como conceito primordial para a compreensão do mérito da função paterna na organização de trabalho, visto que naturalmente essas pulsões coexistem e constituem o funcionamento psíquico dos trabalhadores. Segundo Peyon (2018), Dejours enfatiza que inibir a função sexual em si é insuficiente para a construção e a organização de um grupo, expressando a instituição de normas na construção dos coletivos em prol da atividade libidinal em benefício da manutenção destes, agregando e contribuindo com a contiguidade no desenvolvimento de um coletivo organizado.

Conforme explicado, é interessante, aliás, afirmar que culturalmente a sociedade se organiza em torno da identificação com a representação simbólica e fálica da norma paternal – segundo Hirata (1989), a organização do trabalho tem função estruturadora (patogênica) que compõe a divisão de tarefas (trabalho real e trabalho restrito) e a divisão dos homens (hierarquia, comando, tipos de dispositivos de controle), gênese das grandes organizações religiosas e políticas que governam falicamente a sociedade como um modo de controle social.

De acordo com Peyon (2018), Freud e Dejours falam do elemento de coesão no grupo enquanto inibição da libido em sua finalidade original, semelhante à atividade moral como ato sublimatório, ressaltando que a atividade moral "seria antes orientada rumo à dessexualização da pulsão, ou de sua sublimação, de modo a tornar possível a cooperação dos egoísmos na concórdia" (Dejours, 2012, p. 98).

Segundo Hirata (1989), a pluralidade de estilos de organização do trabalho é extensa, ao mesmo modo que a universalidade humana também o é, irredutível e complexa, influenciada por fatores biopsicossociais em escala micro e macro. O autor deixa claro que a organização é articulada em torno de mecanismos defensivos elaborados pelos trabalhadores como um modo de defesa coletiva caracterizada pela resistência e pela negação da realidade do trabalho real em que há o sofrimento psíquico pelo temor sentido pela tarefa laboral – sustentadas por uma lógica severa que se contrapõe à dinâmica controladora da organização do trabalho, em que silenciar sobre o medo e valorizar o discurso heroico que negligencia a segurança são pilares paradoxais dessa defesa coletiva que, conforme a autora, se organiza a partir da relação psíquica dos trabalhadores com o trabalho.

Com base nos estudos sobre a psicodinâmica do trabalho, a partir de Dejours (1986), observou-se que, essencialmente, os processos de defesa atrelados ao sofrimento têm um corpo coletivo que se organizada a partir da identificação com o estilo de trabalho adotado pela organização do trabalho, ponto que concerne à exploração do sofrimento na produção da alienação no trabalho. Conforme mencionado pelo autor, quando efetivas, as defesas produzem um tipo de "estado de anestesia" afastando dos "olhos" dos trabalhadores a percepção consciente do sofrimento psíquico que os assola exaustivamente, como no caso do *burnout* (Hirata, 1989, p. 99).

Conforme já explicado, os estudos acerca da relação saúde-doença no trabalho são indissociáveis para a apreensão dos processos defensivos (defesa coletiva e ideologia defensiva de profissão), das respostas defensivas diante do sofrimento psíquico no trabalho e dos processos sublimatórios que dizem respeito ao prazer no trabalho, por exemplo, liberdade para trabalhar e produzir – cenário que contempla o campo de trabalho como virtualmente um teatro que dá abertura à representação desejante que antes não fora possível pela descarga pulsional. Logo, o mérito da função paterna na organização do trabalho como instrumento estruturante e necessário para a prevenção, redução de danos e saúde psíquica no trabalho (Hirata, 1989, p. 99).

De acordo com Peyon (2018):

> *Com este olhar, podemos ver que a experiência do real coloca em movimento os processos de criação, permite colocar em questão a pretensão constituinte e dogmática dos fundamentos científicos, econômicos, sociais, políticos que não tenham como referência principal a singularidade do desejo e de suas produções. Permite a produção de novas formas de sentir, pensar e agir que nos transformem em defensores dos direitos de existência singular, plural, coletiva, múltipla, verdadeiramente democrática. O ato de criação é forma de defender o mundo. Como disse o poeta beatnik Keneth Rexroath: "contra a destruição do mundo, uma única defesa: o ato de criação". (p. 14)*

O autor deixa claro que a criatividade é um fenômeno psíquico e que é passível de ser influenciada pela dinâmica da organização do trabalho, visto que o trabalho propicia o ato sublimatório que encontra no dualismo pulsional a via para a catexia libidinal, quando a divisão de tarefas e suas respectivas cargas psíquicas são suficientemente bem articuladas pela organização de trabalho na sua função estruturante, símbolo fálico da função paterna, promovendo saúde no trabalho.

Entretanto, quando há a desfusão pulsional decorrente das outras inibições, ocorre o movimento regressivo da libido ao ego, levando o sujeito a desajustes psíquicos em virtude do sofrimento da repressão de seus afetos no trabalho, uma dinâmica autodestrutiva e que pode comprometer significativamente a organização do trabalho – a qualidade dos vínculos relacionais é tida também pela capacidade do líder de articular as suas cargas psíquicas e de sublimar seus medos por intermédio da sublimação de suas pulsões em atividades criativas que promovam a organização e suporte aos trabalhadores na realização de suas tarefas profissionais.

> *Outras inibições se acham claramente a serviço da autopunição, como não raro sucede com as inibições da atividade profissional. O Eu não pode fazer certas coisas, pois elas lhe trariam vantagens e êxitos, o que o severo Super-eu lhe proíbe. Então o Eu renuncia também a essas realizações,* para não entrar em conflito com o Super-eu. *(Freud, 1926/2014, p. 13, grifos do autor)*

A relação entre o saudável e o patológico na organização do trabalho diz muito desse dualismo pulsional que faz parte da constituição natural do ser humano, a pulsão de vida e a pulsão de morte coexistem entre si e permeiam toda a dinâmica psíquica do ser-no-mundo. Os vínculos de reconhecimento e filiação são estruturantes na construção de processos identificatórios entre os trabalhadores, o líder e a organização do trabalho – construtos que conduzem ao sucesso ou ao fracasso na relação saúde mental-trabalho.

Somente o equilíbrio entre a pulsão de morte e a de vida favorece a estabilidade pulsional favorável ao estado de bem-estar e, na organização do trabalho, isso se dá pelo apoio e suporte do líder na condução da divisão das tarefas, dos homens e do auxílio no processo de elaboração das cargas psíquicas excessivas demandadas ao indivíduo e ao coletivo – favorecendo o sofrimento criativo, as defesas coletivas e a sublimação que se traduz no processo criativo, fatores que fortalecem a organização do trabalho, salvo quando é o contrário, e uma liderança autocrática rígida reprime a liberdade de trabalhar e relacionar-se no ambiente de trabalho, produzindo o sofrimento psíquico e o desgaste total do sujeito, levando-o a descompensações psíquicas como na neurose de angústia, na fobia social, como também nas crises de pânico que estão entre os sintomas descritos como característicos da síndrome de *burnout*.

O trabalho como fonte de prazer e de sofrimento psíquico

Historicamente, o significado do trabalho é atravessado por diversos movimentos transformacionais de cunho sociocultural. No final do século XIX, o marxismo apresentou a "luta de classes" como uma dinâmica simbólica e estrutural da organização do trabalho na sociedade. Segundo Salles (2010), "Freud resume a existência humana: o amor nos mantém investidos libidinalmente, o trabalho nos dá um lugar no tecido social, pois transcende a necessidade de sobrevivência fazendo de nós agentes transformadores da sociedade na qual estamos inseridos".

A relação homem-trabalho é constituída a partir desses construtos diretamente influenciados pela luta de classes. Vínculos relacionais são necessários ao ambiente de trabalho suficientemente bom, responsável pela promoção da relação saúde mental-trabalho. Essa vinculação é instituída pelo reconhecimento da organização do trabalho daqueles que nela trabalham, segundo sua subjetividade e seu lugar-no-mundo, assim como desempenha papel estruturante para a organização psíquica dos sujeitos no coletivo.

Dá-se o laço vincular de reconhecimento a partir de processos identificatórios que são atravessados pela cadeia de significantes de cada sujeito e sua concepção de sentido no trabalho; no entanto, pela transmissão psíquica de seus líderes na organização do trabalho, os sujeitos-no-coletivo (normóticos) recalcam seus impulsos libidinais individuais em prol da defesa coletiva. O complexo de Édipo é uma operação simbólica estruturante e organizadora da personalidade e do funcionamento do aparelho psíquico, bem como é a gênese da instância moral denominada "superego". Logo, o mérito da função paterna na organização do trabalho pode ter como seu articulador virtual a representação simbólica do Nome-do-Pai, pois: "é no 'Nome-do-Pai' que devemos reconhecer o suporte da função simbólica que, desde a aurora dos tempos históricos, identifica sua pessoa à figura da lei" (Lacan, 1998c, p. 279).

Conforme já explicado, a relação entre homem-trabalho e saúde mental-trabalho consiste num construto influenciado por fatores biopsicossociais da esfera do sujeito e da organização de trabalho. Constatou-se a importância da função paterna na organização do trabalho enquanto operadora simbólica estruturante do inconsciente coletivo e do funcionamento neurótico da personalidade dos trabalhadores, em que o Nome-do-Pai pode ser entendido como o significante pelo qual os processos identificatórios se dão pelo vínculo de filiação entre os sujeitos do trabalho e o líder da organização do trabalho.

A saúde mental-trabalho se efetiva pelo vínculo de filiação e identificação com a organização do trabalho que dá abertura à liberdade de ser-no-trabalho – expressar, pensar, sentir e agir – e que busca pela criação de vínculos de reconhecimento entre os coletivos e os indivíduos, promovendo a sociabilidade e as relações interdependentes que propiciam o senso de pertencimento e de grupo.

Conforme Galetto (2020) expressa em seu artigo acerca da relação intersubjetiva entre o trabalhador e as relações de trabalho no ambiente laboral:

> *Essas relações são permeadas pelos desejos e pelas mobilizações subjetivas, fatores importantes para construção de identidade, satisfação, cujas restrições não dependem de sua vontade. O que torna possível dar sentido ao trabalho, a mediação entre prazer e sofrimento, compartilhada com o coletivo, é a subjetividade de cada sujeito. Ou seja, prazer e sofrimento fazem parte de um único constructo. (p. 14)*

O autor deixa claro que o mérito da função paterna na organização do trabalho contribuiu com a capacidade de controle dos sujeitos sobre seus atos de descarga pulsional. Os desejos são de ordem do princípio do prazer, entretanto, mediante ao grande Outro (cultura) e a lei paternal que está a serviço do princípio da realidade, os trabalhadores se veem condicionados ao esforço que os conduz a esse controle de seus impulsos em prol da convivência interdependente produtora de saúde (Peyon, 2018).

Conforme o autor, a subjetivação do sujeito a partir do vínculo de reconhecimento na organização do trabalho é um dos eixos centrais da temática em torno do trabalho como fonte de prazer e de sofrimento psíquico. A organização do trabalho é simbolicamente representada pela lei paternal e pelo significante Nome-do-Pai e objeto transicional elementar para a criação de um ambiente suficientemente bom, que propicie recursos psíquicos aos trabalhadores diante de cargas psíquicas excessivas no trabalho e colabore com a criação de vínculos relacionais entre os indivíduos da equipe de trabalho, de modo a fortalecer o grupo e suas defesas coletivas que concorram para a produtividade crescente, porém evitando possíveis eventos sentinela como o caso da síndrome de *burnout*.

Segundo Peyon (2018), "é no encontro com o outro que se forja o desejo, que se forja o sujeito singular, a partir do que o Outro reconhece, 'aponta em mim'" (p. 224). Para a Psicanálise o "Eu" existe a partir do olhar do Outro – premissa que contempla o denominado "estádio do espelho" de Jacques Lacan. Logo, pensar a psicologia individual é necessariamente pensar, antes de tudo, a psicologia social para compreender os construtos que levam ao prazer ou ao sofrimento no trabalho.

Conforme já explicamos, o prazer no trabalho está correlacionado ao vínculo de reconhecimento intersubjetivo entre o trabalhador e a organização do trabalho, bem como à sua relação simbólica com as cargas psíquicas do trabalho real e do trabalho prescrito. As qualidades de seus vínculos entre seus pares no grupo de trabalho indicam sua capacidade de controle sobre seus impulsos desejantes em resposta à estruturação imputada pela função paterna exercida pela organização do trabalho, por exemplo, quando a organização de trabalho propicia laços vinculares com base no reconhecimento, ela fornece aos trabalhadores o vínculo de pertencimento que diz muito da qualidade de vida no trabalho.

> *O jovem Marx só pode seguir o modelo de conflito da fenomenologia hegeliana, baseado na teoria do reconhecimento, porque em seu conceito antropológico de trabalho ele identifica imediatamente o elemento da autorrealização pessoal com o do reconhecimento intersubjetivo: o sujeito humano, assim se entende sua*

construção, não se limita a realizar-se a si mesmo na efetuação da produção, objetivando progressivamente suas capacidades individuais, senão que efetua, em unidade com isso, também um reconhecimento afetivo de todos os seus parceiros de interação, visto que ele os antecipa como cossujeitos carentes. Mas, se essa efetuação unitária da atividade é dilacerada pela relação de produção capitalista, toda luta pela autorrealização no trabalho deve ser concebida também, ao mesmo tempo, como uma restauração das relações recíprocas de reconhecimento; pois, junto com a recuperação da possibilidade de trabalho autodeterminado, seria restabelecida de um único golpe também a condição social sob a qual os sujeitos se afirmam reciprocamente como seres genéricos carentes. (Peyon, 2018, p. 238)

O autor deixa claro quão essencial é para a existência humana a vivência coletiva com base na construção de vínculos afetivos e relacionais como os intersubjetivos que embasam as relações recíprocas norteadas pelo reconhecimento do sujeito no trabalho. Quando não existem esforços por parte da liderança na organização do trabalho pela instituição de normas que organizem o coletivo e a divisão equilibrada das tarefas, as cargas psíquicas torna-se excessivas e o trabalhador se depara com o desamparo, com a ansiedade e o esgotamento psíquico pelo desgaste disfuncional decorrente de um ambiente de trabalho autocrático e cerceador da liberdade de ter liberdade para trabalhar e conviver na organização do trabalho, o que pode estar correlacionado aos fatores desencadeantes da síndrome de *burnout*.

Com base no exposto, observa-se que a natureza humana está intrinsicamente correlacionada ao inconsciente coletivo, e a intersubjetividade é a via pela qual se constituem significantes do trabalho. O trabalho pode ser produtor de prazer e sofrimento e, ainda, conforme Peyon (2018):

> *Ao trabalhar, o animal humano precisa lidar com a emergência do Real do trabalho e, nesse processo, ele poderá encontrar novas possibilidades expressivas, de modo a conseguir realizar suas tarefas. Para isso, é necessário um tempo de relação com o trabalho, de proximidade com as atividades e de enfrentamento com o Real. Certamente, a organização do trabalho e a coordenação das atividades podem favorecer, ou não, este processo. (p. 257)*

Logo, é possível dizer que a subjetividade é um dos pontos basilares relacionados ao mérito da função paterna na organização do trabalho, pois, a partir do reconhecimento deste, há a instituição do significante trabalho vinculado ao gozo simbólico da realização produtiva do trabalho – satisfação advinda do ato sublimatório (sofrimento criativo).

Entretanto, constatou-se que, quando há cargas psíquicas excessivas, problemas relacionais, falta de reconhecimento da subjetividade e desamparo do trabalhador, quadros disfuncionais se originam desencadeando instabilidade psíquica e adoecimento como no caso em questão que diz respeito à síndrome de *burnout* (síndrome do esgotamento profissional), que acomete trabalhadores que apresentam fadiga psíquica em virtude de um ambiente de trabalho autocrático, repressor e insuficientemente bom.

As relações intersubjetivas, os vínculos de reconhecimento e pertencimento são, ao lado da função paterna da organização do trabalho, pilares simbólicos estruturantes para a organização psíquica dos trabalhadores no ambiente laboral. O laço social fortalecido torna-se aspecto fundamental para a vida psíquica saudável no trabalho, visto que o líder democrático é representante simbólico da lei paternal que organiza a relação imaginária entre os indivíduos e a equipe de trabalho.

Contudo, observou-se que fatores biopsicossociais, quando associados à falta simbólica da norma paternal, colaboram com a sensação de desamparo do trabalhador e, consecutivamente, o aumento da insatisfação e do estresse no ambiente de trabalho que, por sua vez, aumentam a probabilidade do adoecimento psíquico e laboral; no entanto, quando correlacionados aos atos sublimatórios, encontram uma via satisfatória para a descarga pulsional por intermédio do sofrimento criativo que encontra o gozo no ato de trabalhar.

3. *Burnout*: a fadiga psíquica do trabalhador

A síndrome de *burnout*, ou síndrome do esgotamento profissional, diz respeito a um conjunto de sintomas relacionados ao esgotamento e à fadiga do trabalhador associados a cargas psíquicas excessivas e à sensação de desamparo presentes nos grupos não organizados na organização do trabalho. O *burnout* traduz-se por "queimar-se", "esgotar-se" – como sendo um processo de desfusão pulsional resultante da repressão de afetos e do sofrimento psíquico é vivenciada pelo trabalhador ao se deparar com o desamparo simbólico da norma paternal no enfrentamento de cargas psíquicas excessivas no trabalho; e da exclusão e solidão sentidas pelo indivíduo frente à dinâmica do grupo não organizado, cujo laço social é enfraquecido e a organização de trabalho desestruturante. "Quanto maior o desencontro entre a estrutura psíquica do indivíduo, suas expectativas profissionais e a realidade de seu trabalho, mais ameaçada estará a sua economia psíquica e, consequentemente, a sua saúde" (Peyon, 2018, p. 190).

Com base em Peyon (2018), pode-se dizer que a síndrome de *burnout* é um provável fenômeno psicossomático que resulta da desfusão pulsional. O movimento regressivo e autodestrutivo ligado à pulsão de morte dá origem ao sofrimento psíquico presente na fadiga e no esgotamento total dos recursos psíquicos do trabalhador com *burnout*. Neste contexto, quando se depara com o real da atividade concomitantemente ao desamparo da norma paternal frente às cargas psíquicas excessivas, o trabalhador se sente pressionado a investir toda a sua energia psíquica em metas inalcançáveis – o que diz respeito ao aspecto econômico do fenômeno psicossomático atrelado à relação homem-trabalho –, em que o pano de fundo dessa disfunção psíquica é o medo da perda da identificação e do reconhecimento conferido ao indivíduo pelo grande Outro, estando a expectativa angustiada do trabalhador atrelada ao significante do desamparo paternal – o desemprego.

Conforme já explicamos, a hostilidade do mercado de trabalho em relação a metas progressivamente agressivas, a precariedade de recursos materiais e humanos e a crescente instabilidade político--econômica vigente em todo mundo após a pandemia são fatores desencadeantes de desordens psíquicas em virtude de altas cargas de estresse contidas nesses ambientes organizacionais em traba-lhadores como os bancários, professores e profissionais da saúde, mencionados em diversos estudos sobre a síndrome de *burnout* e a sua relação com o trabalhar. O sofrimento psíquico em torno dessa síndrome está atrelado à esfera corporal, ao mundo externo e às relações intersubjetivas – visto que o ego é corporal e o sujeito, por natureza, é um ser biopsicossocial.

Segundo Carlotto (2008), a síndrome de *burnout* também consiste num segundo fenômeno, o psicossocial, o que confere ao ambiente da organização de trabalho o mérito da função paterna enquanto finalidade estruturante para a instituição de regras de convivência/ ofício que promovam o fortalecimento do laço social entre a equipe de trabalho, os indivíduos e a própria organização. No entanto, o autor deixa claro que o ambiente é fator inquestionável para o *burnout* e, quando há o desamparo pela falta da representação simbólica da lei paternal na organização do trabalho, existem o laço social enfraque-cido e o grupo não organizado, o que contribui para desgastes nas relações intersubjetivas, bem como para o aumento de agressividade e de rivalidade no ambiente de trabalho, e consequentemente para o aumento de tensão e estresse que resultam na angústia geradora de crises de ansiedade e demais sintomas.

Segundo Codo (2006), "a doença mental é a incapacidade de amar e de trabalhar, então é o próprio amor e/ou trabalho que se apresentam com problemas" (p. 279). Conforme mencionado pelo autor, relações vinculares entre os sujeitos e o coletivo de trabalho fortalecem o laço social, no qual o sentimento de pertencimento e o reconhecimento passam a ser os significantes estruturantes da organização do trabalho, como sendo o mérito da função paterna a elaboração de regras de convivência/ofício suficientemente boas em prol da integração do grupo a partir da identificação com o grande Outro (o líder, a organização do trabalho, a cultura).

O *burnout* pode ser pensado como um construto de natureza psicossomática e psicossocial, conforme já explicado, visto que o sofrimento psíquico é composto por três esferas do ser humano: a de ordem corporal – "o ego é corporal", disse Freud; de ordem externa – fatores ambientais; e a ordem das relações humanas entre sujeitos – que se estabelecem por meio da comunicação intersubjetiva.

Os vínculos afetivos fortalecem os laços sociais que fortificam e estruturam a dinâmica psíquica dos sujeitos na organização do trabalho, o amar e o trabalhar são essenciais à vida adulta e à saúde no trabalho – o ambiente de trabalho mortificante do eu é aque-le que representa o significante do desamparo, que dá abertura ao aumento da agressividade, individualismo e competitividade entre a equipe de trabalho; por exemplo, a insegurança e o medo representam o retrato da escuridão e da solidão daqueles que estão sofrendo psiquicamente com a fadiga e suas comorbidades como o pânico, a fobia, a depressão endógena/melancólica e, em casos mais graves da disfunção psíquica, a ideação suicida e o suicídio, sintomas diretamente influenciados por fatores biopsicossociais que se intensificam na relação homem-trabalho.

> *No caso da organização do trabalho, à percepção de uma sociedade de consumo, marcada pela onipresença do Mercado e pela orientação das empresas ao lucro cada vez maior, submetidas que estão à lógica financeira e aos seus desdobramentos na gestão dos negócios, impõe-se uma questão acerca da relação dos sujeitos com seu trabalho, especialmente nas grandes empresas, onde se evidencia cada vez mais sofrimento psíquico nos trabalhadores com um aumento do número de trabalhadores licenciados por questões relacionadas à saúde mental. Nesse sentido, é preciso compreender o atual modelo de gestão adotado não apenas pelas empresas, mas também pelo serviço público para que possamos confrontá-lo com o sujeito da Psicanálise. (Peyon, 2018, p. 55)*

O autor deixa claro quão importante é enaltecer o ponto que diz respeito à relação entre sujeito e saúde mental-trabalho, considerando que as relações vinculares entre os trabalhadores e os coletivos são necessárias ao grupo organizado que se estrutura a partir da identificação com a "horda primordial" – a representação simbólica da lei paternal que fortalece a consciência moral do superego e que traduz o mérito da função paterna na organização do trabalho. O *burnout* pode ser pensado como um fenômeno psicossomático em resposta à repressão de afetos e ao desamparo paternal sentido pelo trabalhador frente às cargas psíquicas excessivas.

A clarificação acerca dos fenômenos psíquicos que englobam a síndrome de *burnout* demanda futuros estudos que abarquem com maior profundidade a temática do *burnout* segundo a psicodinâmica do trabalho. No entanto, conforme as asserções mencionadas anteriormente, a saúde mental é a liberdade de se poder ter capacidade para amar e para trabalhar, ou seja, as relações afetivas que se dão pelo laço social fortalecido são essenciais à vida no trabalho; o vínculo do reconhecimento está atrelado aos outros três que são o amor, o ódio e o conhecimento, afetos estruturantes da dinâmica psíquica. O ato de trabalhar é a forma pela qual o ser humano é criativo e sonhador; alimentando-se da fantasia e sublimando seus impulsos, o ser-no-mundo vivencia sua existência subjetiva no trabalho, utilizando-se do sofrimento criativo como recurso psíquico frente ao real da atividade e canalizando sua energia psíquica no aumento da produtividade.

O *burnout* pode ser pensado como uma descompensação psíquica decorrente da desfusão pulsional que acomete a economia psicossomática e, ainda, como um fenômeno psicossocial em resposta à repressão de afetos e à falta do sentimento oceânico pelo indivíduo na organização do trabalho que o desampara, sobrecarregando-o e excluindo-o do coletivo de trabalho (gênese do mal-estar), fatores agravantes das desordens psíquicas como a depressão melancólica que aumenta o risco de suicídio dos trabalhadores que apresentam os sintomas associados à síndrome de *burnout*, conforme será elaborado mais adiante.

O suporte psicológico pode ser implementado na organização do trabalho como um dos recursos estratégicos de enfrentamento (*coping*) e de adaptação às demandas internas e externas (cargas psíquicas excessivas) presentes no ambiente laboral bem como o *holding-handling*, adotado pela liderança democrática, favorecem a ressonância simbólica que produz efeitos benéficos à saúde psíquica e à prevenção da fadiga e do *burnout* no trabalho.

Contudo, pode-se imaginar que há emergência diante da clarificação dos efeitos da falta simbólica da lei paternal à organização do trabalho, pois, quando uma liderança é de natureza autocrática, pode contribuir com fatores estressores que impossibilitam a instituição de vínculos que fortaleçam o laço social enfraquecido e o apoio psíquico suficientemente bom que auxilie os trabalhadores na elaboração das cargas psíquicas excessivas no trabalho, levando-os às sucessivas frustrações, perdas simbólicas não elaboradas e à fragilização psíquica que precede o quadro depressivo melancólico que aumenta o risco do suicídio dos trabalhadores em sofrimento pelo desgaste total de seus recursos psíquicos diante da insatisfação e da inibição de possibilidades que, por sua vez, conduzam às vias sublimatórias que conferem a produtividade pelo gozo do sofrimento criativo.

Cargas psíquicas e o ambiente de trabalho mortificante do eu

As cargas psíquicas são inerentes à psicodinâmica que atravessa a organização do trabalho e sua relação saúde-doença. Diante dessa concepção, pode-se compreender que a relação saúde mental-trabalho é indissociável à relação intersubjetiva mediada por processos identificatórios e por vínculos afetivos estabelecidos entre o coletivo de trabalho, o estilo de liderança e o indivíduo. Quando o estilo de liderança e a organização do trabalho são rígidos e inflexíveis, contribuem com a repressão da livre expressão do trabalhador da insatisfação que sente no trabalho.

Conforme Dejours (1992), "quanto mais rígida for a organização do trabalho, menos ela facilitará estruturações favoráveis à economia psicossomática individual" (p. 128). Logo, o ambiente laboral passa a ser mortificante do eu e insuficientemente bom para a finalidade sublimatória do trabalho que confere satisfação à atividade laboral, contribuindo com cargas psíquicas excessivas, metas inatingíveis, um laço social enfraquecido e a sensação de desamparo da lei paternal, aspectos mortificantes do eu do trabalhador que não tem reconhecimento e que se vê desagregado do coletivo de trabalho, vivenciando solitariamente a experiência do sofrimento psíquico no trabalho até seu esgotamento total.

De acordo com Peyon (2018), pode-se dizer que a rigidez da organização do trabalho em relação à liberdade de se expressar e de agir do sujeito diz respeito à gênese da fadiga psíquica que resulta da contraposição entre ambos. O trabalhador se vê impedido de buscar por meios pelos quais adequar suas necessidades psíquicas ao seu funcionamento laboral, sendo compelido pela organização do trabalho à repressão de seus afetos diante da sua insatisfação laboral, tornando-se essa repressão a causa da disfunção somática do sujeito.

Conforme explicado, a função paterna na organização do trabalho é essencial para a prevenção, redução de danos e promoção da saúde no ambiente de trabalho, visto que a relação saúde mental-trabalho é constituída a partir da relação intersubjetiva entre a organização do trabalho e uma abertura para a livre expressão/agir do sujeito como modo de ajustar insatisfações laborais à sua estrutura de personalidade e ao seu funcionamento psíquico.

A organização do trabalho diante de um estilo de liderança rígido, como o autocrático, colabora com o processo de mortificação do Eu (sujeito-trabalho), dado que o ambiente rígido é inflexível e insuficientemente bom para as demandas biopsicossociais dos sujeitos individuais e do coletivo de trabalho, no qual há desagregação e enfraquecimento do laço social, bem como o aumento da agressividade, da individualidade e da competitividade entre os pares diante da divisão de tarefas, divisão dos homens e suas respectivas cargas psíquicas.

A desordem geradora do mal-estar se dá pela falta simbólica da lei paternal que confere à organização do trabalho função estruturante e organizadora da psicodinâmica dos sujeitos no coletivo de trabalho. O sofrimento psíquico causado pela repressão de afetos converge para a desfusão pulsional que afeta a economia psicossomática, dando origem a sintomas como fadiga psíquica, pânico, fobia, depressão e até mesmo o suicídio no trabalho, como se observou na literatura pesquisada acerca da temática da síndrome de *burnout* e que será mais bem clarificada adiante.

Em seu artigo "A inter-relação trabalho-saúde mental", Edith Seligmann (1992) expressa que a conexão existente entre os construtos psicossociais e o aparelho psíquico individual se constitui a partir da comunicação intersubjetiva entre a psicodinâmica do sujeito e sua experiência em relação ao coletivo e ao trabalho – assim como a existência do ser-no-mundo é singular e irredutível, também é a existência relacional atravessada pela intersubjetividade entre sujeito e coletivo de trabalho. A autora deixa claro que a intersubjetividade é basilar às relações sociais no trabalho, posto que seus pilares são a intercompreensão e a interatividade – cadeias de significantes que se articulam à consciência ética do coletivo de trabalho e que contribuem com a organização psíquica dos mesmos.

Segundo Dejours, a rigidez na organização do trabalho interfere na instituição de um laço social fortalecido, o que acaba desorganizando o funcionamento psíquico do indivíduo e do coletivo de trabalho e, consecutivamente, afetando a produtividade: "A relação de trabalho são todos os laços humanos criados pela organização do trabalho" (Dejours, 1992, p. 75).

A organização do trabalho tem o mérito da função paternal como recurso simbólico representacional estruturante e organizador da psicodinâmica na relação de trabalho, como também das relações intersubjetivas que compreendem a liberdade do sujeito de se expressar e agir no ambiente de trabalho. No entanto, quando não há abertura para a adequação das necessidades psíquicas do sujeito ao real da atividade – insatisfação laboral impelida a ser represada pela rigidez e inflexibilidade da organização do trabalho –, dá-se origem ao ambiente mortificante do Eu e gerador do mal-estar que atravessa a fadiga psíquica presente na síndrome de *burnout*: "A organização do trabalho é causa de uma fragilização somática, na medida em que ela pode bloquear os esforços do trabalhador para adequar o modo operatório às necessidades de sua estrutura mental" (Dejours, 1992, p. 128).

A interrelação trabalho-saúde mental é necessária para a melhor apreensão acerca da psicodinâmica dos sujeitos e sua correlação com a economia psicossomática, visto que o ambiente de trabalhado suficientemente bom se articula pela comunicação intersubjetiva que fortalece o laço social entre os sujeitos individuais, o coletivo e a organização do trabalho. Porém, conforme já explicado, a dinâmica que se contrapõe a essa relação psicossocial impossibilita a articulação das demandas psíquicas com os ideais profissionais e a experiência do trabalho, o que contribui para o sofrimento psíquico disfuncional que leva à doença laboral como a fadiga psíquica na síndrome de *burnout*.

> *. . . existe na relação do trabalhador com seu trabalho uma economia psicossomática que envolve a estrutura psíquica do sujeito, sua história, sua formação pessoal e expectativas, as necessidades do seu corpo decorrentes da formação erótica deste corpo na infância e na juventude, o significado do trabalho e o da relação com a tarefa atual e a resultante desse encontro que culmina no conteúdo significativo do trabalho e na dimensão da carga psíquica do trabalho. Quanto maior o desencontro entre a estrutura psíquica do indivíduo, suas expectativas profissionais e a realidade de seu trabalho, mais ameaçada*

estará a sua economia psíquica e, consequentemente, a sua saúde. (Peyon, 2018, p. 190)

O autor deixa claro nesse enunciado que a significação do trabalho está inscrita a partir da subjetivação da existência relacional entre sujeito-trabalho e trabalho-saúde mental, bem como a correlação existente entre sua dinâmica psíquica (demandas internas), ideais profissionais (desejos e identificações) e a experiência do trabalhar (trabalho real e prescrito, real da atividade, cargas psíquicas, sofrimento ético, sofrimento criativo, defesas coletivas etc.) são fatores interligados a psicodinâmica do trabalho e a manutenção da economia psicossomática, assim como articulam-se entre cadeias de significantes abarcadas pela interatividade, intercompreensão e pela intersubjetividade presente no coletivo de trabalhadores na relação com a organização do trabalho.

Entretanto, o distanciamento entre esses fatores colabora para um ambiente mortificante do Eu, dado que a perda do sentido no trabalho compreende o rompimento simbólico do vínculo identificatório de filiação entre o sujeito e a organização do trabalho, bem como o enfraquecimento do laço social e o sofrimento psíquico laboral.

Diante do exposto, pode-se compreender que o ambiente de trabalho suficientemente bom é constituído a partir da instituição de regras de convivência/ofício que propiciam relações vinculares que fortalecem o laço social entre o coletivo, os indivíduos e a organização do trabalho, o que contribui para a saúde psíquica no trabalho. As cargas psíquicas são intrínsecas ao trabalho real e prescrito e ao real da atividade, como também estão presentes nas relações intersubjetivas, nas quais a organização do trabalho enquanto representante simbólico da função paterna auxilia o trabalhador ao lhe fornecer apoio psíquico e abertura para a livre expressão do pensar, agir e sentir; nas quais as cargas psíquicas excessivas encontram seu destino nos atos sublimatórios que conferem satisfação à atividade criativa pela qual se dá a transformação do sujeito-trabalho.

Contudo, constatou-se que, quando a organização do trabalho tem um estilo de liderança autocrático, esta contribuiu para a construção de um ambiente de trabalho mortificante do Eu, visto que apresenta, por característica, a rigidez e a inflexibilidade diante das demandas psíquicas dos trabalhadores mediante a insatisfação frente a cargas psíquicas excessivas e a metas irrealizáveis; e, ainda mais, pela falta simbólica de uma lei paternal que estruture e organize o coletivo e o laço social, o desamparo vivenciado pelos trabalhadores que são impedidos de adequar suas necessidades psíquicas à dinâmica operacional do trabalho é mortificante do Eu, pois concorre para a desfusão pulsional em virtude da repressão que afeta a economia psicossomática, resultando no sofrimento e no adoecimento psíquicos do trabalhador.

A *depressão melancólica e o risco de suicídio na síndrome de* burnout

A depressão melancólica apresenta-se no quadro disfuncional do *burnout*, propiciando o aumento do risco de suicídio de trabalhadores em razão do sofrimento psíquico decorrente da insatisfação laboral, sendo a depressão e o risco de suicídio na síndrome de burnout temáticas contemporâneas emergentes, atravessadas pelo fenômeno da mercantilização do capital humano em prol do gozo econômico abarcado pelo sistema capitalista. A mercantilização do capital humano pode ser compreendida como um processo simbólico que objetifica o sujeito, bem como o destitui de sua subjetividade existencial e do seu sentido no trabalho.

A repressão no ambiente de trabalho é abarcada pela rigidez e inflexibilidade da organização do trabalho, da mesma forma que a falta da elaboração de tarefas sublimatórias que deem destino às demandas pulsionais atreladas à insatisfação laboral do trabalhador contribui a com os processos psicopatológicos que englobam a fadiga psíquica no trabalho – descompensações psíquicas desencadeadas pela insatisfação e sofrimento no trabalho desestruturante que constituem a gênese dos fenômenos depressivos melancólicos e da ideação e/ou o ato suicida presentes na síndrome de *burnout*. Segundo Peyon (2018), "a descompensação aparece então como um quadro misto, associado à angústia, à irritabilidade e à depressão" (p. 108).

Como bem nos assegura Peyon (2018), pode-se dizer que a probabilidade de existirem descompensações psíquicas na organização do trabalho diz respeito a três aspectos representacionais que estas conferem à esfera laboral do sujeito e que estão atrelados às cargas psíquicas que envolvem novas tarefas de trabalho – a ignorância, o medo e a angústia. A ignorância (ou, desconhecimento) acerca da nova tarefa, ou função, produz o aumento significativo do medo do trabalhador por intermédio da expectativa angustiada sobre ele (núcleo manifesto da neurose de angústia).

No entanto, essa correlação se reproduz no funcionamento psicodinâmico dos perfis de trabalhadores polivalentes acometidos pelo *burnout*, visto que a polivalência laboral concorre para o aumento da tensão nervosa (*quantum* de angústia em estado de livre flutuação) que pode vir a se tornar a ansiedade latente à consciência e que pode vir à luz independentemente de ser despertada por meio de associações em cadeia que causam ataques de angústia e que levam à exaustão total e à fadiga psíquica do trabalhador na síndrome de *burnout*.

Assim, é interessante, aliás, afirmar a importância da função paterna na organização do trabalho como estruturante da psicodinâmica dos indivíduos e do coletivo de trabalho. Diante da representação simbólica da lei paternal, a organização do trabalho, segundo o estilo de liderança democrático, torna-se capaz de fornecer o apoio psíquico – para que os trabalhadores consigam elaborar cargas psíquicas excessivas no labor; o reconhecimento da subjetividade do sujeito no trabalho – instituindo vínculos afetivos que fortalecem laços sociais e organizam o grupo; bem como a articulação de tarefas sublimatórias – como forma de prevenção, redução de danos e promoção da saúde psíquica no trabalho.

Contudo, quando a organização do trabalho é rígida e inflexível, como no caso do estilo de liderança autocrático, o que se produz é a desestruturação dos aspectos essenciais aos processos sublimatórios e há o empobrecimento dos laços sociais e o aumento da agressividade entre o coletivo de trabalho (violência social), ou seja, diante da falta simbólica da lei paternal na organização do trabalho, como também da ausência de soluções sublimatórias que atenuem as pulsões parciais, apresentam-se as descompensações psíquicas e a gênese do desenvolvimento das psicopatologias do trabalho como a depressão melancólica, a ideação e/ou o suicídio propriamente dito no quadro de *burnout*.

De acordo com Hirata (1989), a organização do trabalho exerce papel fundamental enquanto mediadora entre o inconsciente e o campo social (ambiente de trabalho físico e virtual). Apoiando-se na perspectiva do psicodrama, a autora deixa claro que o ambiente de trabalho pode ser representado como uma espécie de teatro, por meio do qual os indivíduos e o coletivo de trabalho possam articular soluções sublimatórias (sofrimento criativo) por meio da encenação de seus desejos (pulsões parciais) anteriormente de realização impossível pela via da sexualidade.

Segundo Freud (1900/2001), a respeito da dinâmica psíquica:

> *Tudo que é consciente tem um estágio preliminar inconsciente, ao passo que aquilo que é inconsciente pode*

permanecer nesse estágio e, não obstante, reclamar que lhe seja atribuído o valor pleno de um processo psíquico. O inconsciente é a verdadeira realidade psíquica; em sua natureza mais íntima, ele nos é tão desconhecido quanto a realidade do mundo externo e é representado de forma tão incompleta pelos dados da consciência quanto o mundo externo pelas comunicações de nossos órgãos sensoriais. (p. 584)

A falta simbólica da função paterna na organização do trabalho ocasiona a desagregação do grupo, tornando os espaços físico e virtual do ambiente de trabalho empobrecidos de recursos simbólicos, impossibilitando a construção imaginária da fantasia teatral que daria vazão à descarga pulsional pelos atos sublimatórios. Conforme Peyon (2018), Dejours diz que quando Freud faz menção ao mito da horda primordial, refere-se ao mérito da função paterna enquanto operação simbólica que sustenta e organiza a lei social no ambiente de trabalho.

Estabelecendo-se como o vínculo identificatório e a idealidade do grupo, a falta simbólica da identificação com a imago paterna assim como a falta do vínculo de pertencimento ao grupo dizem respeito à sensação de desamparo e de solidão vivenciada no sofrimento do trabalhador que apresenta o quadro de depressão melancólica. A angústia do desamparo atravessa o significante da castração frente ao real do trabalho, levando o indivíduo à falta de desejo responsável pela degradação de seu funcionamento psíquico – gênese da desfusão pulsional que concorre para a prevalência da pulsão de morte e a desistência do existir, no *burnout*.

A repressão dos afetos, diante da excentricidade da organização do trabalho, conduz ao aumento do nível de tensão em torno do conflito psíquico que se associa ao sofrimento do sujeito no trabalho – pois, o gozo no trabalhar é cerceado pela rigidez e inflexibilidade da organização do trabalho. Essa repressão libidinal incorre no *quantum* de angústia livre que abarca fenômenos psicossomáticos ligados às descompensações psíquicas constituintes da gênese da depressão melancólica presente no *burnout*.

O autor deixa claro que quando o indivíduo não tem outros meios alternativos pelos quais evitar a insatisfação no trabalho, produz-se a fadiga psíquica resultante do impedimento da descarga pulsional adequada – os mecanismos de formação de sintomas (doenças) são considerados os causadores dos casos de suicídio, em que o estresse é tido como sintoma dessa sobrecarga estimulante que compreende a origem do sofrimento psíquico no trabalho, pois representa os esforços reativos pela sobrevivência do ego por meio da via adaptativa frente aos estímulos psicossomáticos.

Essa dinâmica psíquica implica o processo de mortificação da identidade do sujeito-trabalho, em que este se sente como tendo perdido a referência de seu próprio Eu em face da perda simbólica não elaborada do vínculo identificatório com o Outro (líder, organização do trabalho, labor, cultura); perdas inconscientes que não podem ser nominadas e que são constituintes da depressão melancólica/endógena, que, de acordo com Medeiros (2021, p. 1), configura-se como uma forma de resposta defensiva do sujeito, podendo ser pensada amplamente além das desordens neurobiológicas e da medicalização, sendo decorrente da diminuição do prazer e da falta do desejo que caracterizam o movimento de retração libidinal (afastamento da libido), direcionando a libido, antes voltada ao mundo externo (objetos), à via regressiva que leva ao Ego (libido narcísica).

Segundo o autor, as cargas afetivas correlacionadas às cadeias de significantes são intensas diante de sucessivas frustrações somadas aos sentimentos de culpa, exaustão, despersonalização e, ainda mais, em razão da inibição (repressão) de vias alternativas para os atos sublimatórios no trabalho (equilíbrio psicoafetivo).

A instabilidade estrutural dá origem à fragilidade psíquica que contribui para a desfusão pulsional, de modo que se produz a desvinculação da libido ao objeto por intermédio do movimento pulsional regressivo, direcionando-a ao próprio Eu. Neste ponto, a pulsão de morte se sobrepõe à pulsão de vida, estando presente o discurso autodepreciativo (negativação) de si – havendo a partir dessa dinâmica autocrítica a identificação do sujeito com o sofrimento –, período melancólico caracterizado pelo embotamento afetivo: "o ego pode gozar de um sofrimento levando a sua autodestruição, fazendo o sujeito colocar-se em uma posição inferiorizada e de objeto, que, muitas vezes, pode direcioná-lo à pulsão de morte" (Belarmino, 2021, p. 30).

As perdas simbólicas no trabalho não elaboradas se associam às angústias da falta – presentes no discurso queixoso dos depressivos melancólicos, como um tipo de "anestesia sexual psíquica", que coloca em "xeque" a propriedade plástica da libido que contém a oposição entre a libido narcísica e a libido de objeto; esta, por sua vez, quando comandada por Eros, trata-se da força responsável pela restauração inorgânica que retira o Eu da inibição alienada à falta de desejo, e a inibição é tida como uma característica singular encontrada nos estados de depressão neurótica, conforme apresentado por Sigmund Freud em seu escrito "Inibição, sintoma e angústia" (1926), em que pode ser entendido que a inibição, ou a renúncia pulsional, está atrelada ao aumento do *quantum* de angústia livre à pulsão de morte; no entanto, no caso do *burnout*, a depressão melancólica é caracterizada pela gênese do "apagamento do sujeito em função de uma identificação com o objeto perdido" (Medeiros, 2021, p. 1).

Segundo Belarmino (2021), "uma busca pelo preenchimento de uma falta inominável e a ilusão de, assim, tornar-se um 'ser'" (p. 19);

no entanto, em se tratando da depressão melancólica na síndrome de *burnout*, o presente trabalho investiga a pulsão de morte e os processos identificatórios e as idealizações, que se dão entre a função paterna da organização do trabalho (imago paterna) e os sujeitos-trabalho integrados pelo vínculo de filiação, sendo a pulsão de morte parte da força inconsciente responsável pelo discurso autodestrutivo presente no quadro de *burnout* e que se constitui a partir da identificação do sujeito com o objeto perdido.

A depressão melancólica na síndrome de *burnout* é oriunda das frustrações ligadas à ferida narcísica do sujeito, visto que o sofrimento laboral se dá a partir de sucessivas perdas simbólicas no trabalho como quando há metas irrealizáveis e altas expectativas que precisam ser correspondidas pelo sujeito no ambiente organizacional como condição repressiva para se manter empregado, entretanto, desamparado e sem recursos para elaborar as cargas psíquicas advindas das respectivas perdas simbólicas, vivenciadas por intermédio da natureza sádica do Superego, a mortificação do *self*.

Logo, a repressão dos afetos contribui para a inibição dos investimentos pulsionais que acometem o destino pulsional, alterando a dinâmica da dualidade pulsional, por fim, conduzindo à desfusão pulsional ordenada pela prevalência da pulsão de morte – movimento regressivo do psiquismo que aumenta o risco do suicídio dos trabalhadores com *burnout*. A parte do Ego que se identificar com o objeto perdido torna-se vítima do sadismo da instância superegoica que confere ao sujeito intenso sofrimento moral/ético, arraigado pela culpa avassaladora da impotência sentida frente ao desamparo, à solidão e ao real da existência do sujeito-trabalho, conforme traduz Freud (1917[1915]/2010) em "A sombra do objeto que recai sobre o eu" (p. 133) – condição psíquica que caracteriza os casos de suicídio em decorrência do excesso de trabalho, expectativas irrealizáveis e do discurso capitalista que objetifica o sujeito-trabalho.

> *Um exemplo instrutivo dessa forte inibição geral de curta duração, eu pude observar num doente obsessivo que, em situações que claramente deveriam produzir uma explosão de raiva, sucumbia a uma fadiga paralisante que durava um ou vários dias. A partir daí, deve ser possível encontrar uma via para compreender a inibição geral que caracteriza os estados de depressão, incluindo o mais grave deles, a melancolia. Sobre as inibições, podemos dizer, concluindo, que são limitações das funções do Eu, por precaução ou devido ao empobrecimento de energia. Agora é fácil perceber em que a inibição e o sintoma se distinguem um do outro. O sintoma já não pode ser descrito como um processo que ocorre dentro do Eu ou que age sobre ele. (Freud, 1926-1929, p. 13)*

Conforme já explicado, o mérito da função paterna na organização do trabalho é representado simbolicamente pela imago paterna que organiza as relações intersubjetivas no ambiente laboral bem como é responsável pela criação de regras de convivência/ofício que organizam o funcionamento psíquico dos trabalhadores. Pode-se observar a importância de espaços para elaboração das perdas simbólicas no trabalho, contribuindo para com o estabelecimento do laço social fortalecido que se dá a partir do vínculo de filiação entre os trabalhadores e seu representante simbólico da norma paternal; por exemplo, quando o trabalhador, ao se deparar com o líder democrático, se identifica com ele como o ideal do Eu – o símbolo vincular da filiação dos liderados com seu representante da lei paternal, o líder/organização do trabalho.

Entretanto, quando esses aspectos elencados são atravessados pela falta simbólica da lei paternal na organização do trabalho, há o enfraquecimento do laço social e a inibição de atos sublimatórios em resposta à intolerância aos modos de subjetivação do sofrimento no trabalho.

A repressão de afetos aumenta a tensão psíquica em virtude de sucessivas frustrações e o sentimento de culpa e de despersonalização que intensificam a fadiga psíquica, visto que se produz, a partir da mortificação do Eu, o *burnout* do sujeito em consequência de sua identificação com o objeto perdido (identificação em que parte do Ego passa a ser vítima da violência e do sadismo da instância superegoica), causa do sofrimento ético-moral vivenciado pelo trabalhador em sua existência laboral – incidindo sobre o processo de esvaziamento do Eu frente ao real e à ferida narcísica e que contribui diretamente com os pensamentos de morte presentes na ideação/ tentativa de suicídio e ou no suicídio propriamente dito no trabalho.

> *Essa insistência do "retorno a si" reflete a dificuldade nas relações com o Outro, limites frágeis, vínculos mal definidos, e a intensidade das autoacusações quase sempre ocupa o lugar das queixas que deveriam ser dirigidas ao Outro. Um ódio a si que encobre um ódio ao objeto. Uma grande necessidade de amor e uma incapacidade para amar, uma grande ambivalência na qual o par amor-ódio marca sua presença nas relações amorosas. O suicídio do melancólico em verdade esconde um assassinato do outro. A melancolia está encoberta por uma nuvem de incertezas. (Freud, 1917 [1915]/2010, p. 67)*

O autor deixa claro que as dificuldades relacionadas à esfera psicossocial consistem na alternância da plasticidade libidinal de modo a prevalecer, pela desfusão pulsional, a pulsão de morte intrínseca ao retraimento do fluxo libidinal que direciona a libido ao Eu – constituindo o movimento regressivo que leva o sujeito à autodestrutividade. Ou seja, fatores associados ao desamparo da lei paternal na organização do trabalho que contribuem com o sentimento de solidão, com o não pertencimento e com a invisibilidade social, daquele que esgotou totalmente seus recursos psíquicos na tentativa de corresponder ao discurso capitalista, idealizador e negacionista em relação ao gozo pelo ato sublimatório, objetificando o processo identitário do sujeito no trabalho.

As descompensações psíquicas contribuem com o quadro comórbido da depressão melancólica associado à ideação suicida, posto que os trabalhadores em sofrimento psíquico em virtude de cargas psíquicas excessivas (ligadas à insatisfação no trabalho) se deparam com a falta dos vínculos de reconhecimento e de pertencimento necessários aos processos de identificação/filiação e de um espaço adequado para as elaborações simbólicas de suas perdas no trabalho.

No entanto, quando essas elaborações simbólicas estão associadas às frustrações e ao extraordinário rebaixamento da autoestima do sujeito no trabalho, este perde a referência sobre a própria identidade profissional – despersonalização –, identificando-se com o objeto perdido, o que resulta na violência sádica exercida sobre parte do ego que se identifica, em que o ódio que retorna ao sujeito diz respeito à tentativa deste de matar o objeto mau que foi introjetado como parte do Eu – resultando na dinâmica autodestrutiva (pulsão de morte) que incide sobre acometimento da ideação suicida e do ato suicida de trabalhadores com *burnout* que apresentam o quadro da depressão melancólica.

Diante do enunciado, pode-se compreender que, na pesquisa sobre a síndrome de *burnout*, se observou a presença do nexo causal entre a organização do trabalho (representante simbólico da função paterna), as cargas psíquicas do trabalho (real, prescrito) e os processos vinculares que permeiam as relações intersubjetivas que circundam o campo social do sujeito-trabalhador. Quando aliados à inibição das possíveis vias sublimatórias, tornam-se fatores desestruturantes para o funcionamento psíquico e passam a ser regidos pela pulsão de morte que advém do movimento regressivo decorrente da desfusão pulsional – remetendo aos aspectos comórbidos associados à fragilidade psíquica presente na depressão melancólica e nos pensamentos de morte, assim como se associam aos aspectos da economia psicossomática.

A relação saúde mental-trabalho está intrinsecamente correlacionada à natureza pluralista da esfera biopsicossocial do sujeito; dessa forma, o que hoje é formalmente conhecido como "sofrimento psíquico no trabalho" diz respeito à depressão melancólica que, segundo Dalgalarrondo (2019), pode ser conceituada como "... a chamada tristeza vital, que é uma tristeza diferente, um peso, uma agonia 'sentida no corpo'" (p. 249), à semelhança de um sentimento de vazio existencial que, em organizações-limite, pode significar o *acting out* e ou a passagem ao ato.

De acordo com Mendes (1995):

> *O trabalho pode favorecer condições estabilizadoras que neutralizam o sofrimento, muitas vezes existencial, assumindo este papel quando as exigências pulsionais correspondem aos desejos inconscientes do sujeito, e tem lugar o processo de sublimação e/ou o processo de mobilização subjetiva, que permite a transformação do sofrimento. (p. 37)*

O benefício da compreensão acerca do mérito da função paterna na organização do trabalho diz respeito à importância concedida ao seu papel estruturante, visto que, enquanto representante simbólico da lei paternal, contribui para a constituição da identidade social (vínculo de filiação) para a ressonância simbólica no ambiente laboral que previne o sofrimento laboral, procedendo a partir da instituição de regras de convívio/ofício que fortalecem o laço social e a comunicação intersubjetiva entre o coletivo de trabalho e os indivíduos. Conferindo-lhes um ambiente suficientemente bom, que os auxilie na elaboração das cargas psíquicas excessivas, facilitando à liberdade desses indivíduos de buscarem possíveis vias sublimatórias alternativas pelas quais possam dar vazão às tensões e ao estresse ocupacional, reduzindo fatores descompensatórios que levam à fadiga e viabilizando a articulação do gozo pelo sofrimento criativo. Logo, o ambiente suficientemente bom, regido pela liderança democrática, torna-se sinônimo de satisfação (prazer), saúde, identidade e prevenção ao *burnout*.

Observou-se que o sujeito-trabalho, frente à desesperança diante do real da atividade, da solidão que o assola em face do desamparo da lei paternal e da exclusão que afeta o *self* perante o campo social, depara-se com as nuances da ferida narcísica a partir de sucessivas frustrações e perdas simbólicas no trabalho ainda não elaboradas, e que se intensificam pela culpa, pelo estresse, pelas dores no corpo, alterações no sono, pela fadiga psíquica e pelos atos autodestrutivos/autodepreciativos.

A pobreza simbólica do psiquismo diante do sadismo do Superego traduz-se pela regência da pulsão de morte que se sobrepõe à pulsão de vida em virtude da desfusão pulsional – sendo essas pulsões atravessadas pela herança do complexo de Édipo e pelas relações objetais primárias (parentais) que constituíram os processos identificatórios estruturantes da personalidade do sujeito; porém a liderança na organização do trabalho constitui papel fundamental enquanto representante simbólico da lei paternal e, quando não fornece amparo e apoio psíquico aos trabalhadores (identificados com o líder pelo vínculo de filiação), produz o esvaziamento e a mortificação do *self* – visto que o movimento pulsional regressivo conduz o direcionamento da libido ao Eu.

Ao se deparar com o real diante de suas idealizações fantasmáticas acerca de seu *self* profissional, o sujeito direciona toda a agressividade ao objeto introjetado com o qual se identificou – caracterizando a autocrítica e os comportamentos autolesivos precedidos pelo vazio existencial – como sendo os efeitos da objetificação do sujeito-trabalho que podem levar o trabalhador ao ato suicida (*acting out*, e ou a passagem ao ato), visto que o trabalhador toma esse ato como alternativa para obtenção de alivio de seu desespero e de seu sofrimento psíquico de se colocar na posição de escravo do Outro (líder, organização do trabalho, discurso capitalista, cultura).

Contudo, a falta simbólica da lei paternal na organização do trabalho confere ao ambiente laboral um espaço virtual insuficientemente bom ao sofrimento criativo, produzindo fatores desestruturantes que mortificam a subjetividade do sujeito biopsicossocial; logo, contribuindo com descompensações psicológicas que concorrem para a desfusão pulsional, acometendo a economia psicossomática e contribuindo com o desenvolvimento do quadro de depressão melancólica/endógena de trabalhadores fragilizados pelo sofrimento psíquico no *burnout* que aumenta o risco de suicídio no trabalho.

4. A psicanálise como tratamento da síndrome de *burnout*

A psicanálise é um método de psicoterapia voltado ao tratamento do sofrimento psíquico por meio da fala – tida a partir da livre associação de ideias do paciente e da atenção flutuante e interpretação do analista. A liberdade para falar e expressar-se acerca das emoções e do sofrimento no trabalho produz efeitos benéficos que preservam a saúde mental do trabalhador.

A terapêutica psicanalítica tem alcance global acerca das estruturas e organizações da personalidade, sendo contemporâneas à temática do *burnout* as neuroses atuais, as psiconeuroses e as neuroses narcísicas – fatores biopsicossociais que interferem diretamente na constituição psíquica do sujeito, que pode ser representada por Lacan (1975) como o enlaçamento das três estruturas da nosografia psicanalítica – neurose, psicose e perversão; o "nó borromeano". O enquadre e o manejo psicanalíticos, ao serem estudados pelo psicanalista, deverão ser adequados ao funcionamento psíquico correspondente ao tipo de caráter da personalidade do sujeito-trabalho.

O pluralismo e a multidisciplinaridade da psicanálise contemporânea se apresentam como pilares integrativos fundamentais que possibilitam a compreensão ampla acerca do funcionamento psicodinâmico vivenciado pela experiência subjetiva e existencial do sujeito com *burnout* em virtude de seu sofrimento psíquico no trabalho. A psicanálise, por intermédio do método de análise pela livre associação de ideias do trabalhador (analisando), propicia, por meio da liberdade para se expressar sem julgamento pelo "falar" a descarga dos afetos suprimidos anteriormente, em virtude da falta de alternativas que viabilizassem os atos sublimatórios resultantes da inibição geral oriunda da rigidez e da inflexibilidade na organização do trabalho.

Logo, a fala é uma via pela qual é possível existir esta descarga afetiva, em que a atenção flutuante do analista deve estar voltada à análise e à interpretação do discurso do trabalhador (latente ou manifesto), bem como a observar a comunicação intersubjetiva, razão pela qual a psicanálise é atual em termos de terapêutica contemporânea às afecções de ordem psíquica oriundas do mal-estar no campo social. "O afeto é por si mesmo descarregado ou 'ab-reagido', a força que até então manteve o sintoma deixa de atuar, e o próprio sintoma desaparece" (Freud, 1893-1895/1996, p. 9).

Entretanto, a repressão dos afetos conjuntamente à inibição de investimentos libidinais externos (cessados) torna-se fator agravante quando não há espaço de escuta para a fala do sofrimento laboral, de forma que a falta simbólica do representante da lei paternal dificulta a construção de um espaço mobilizador da subjetividade, e esta falta pode implicar o aumento da tensão psíquica, acometendo a economia psicossomática que dá origem às descompensações psíquicas observadas no quadro da síndrome de *burnout* – a psicanálise promove esse espaço de escuta sem julgamento, e a associação livre conduz virtualmente o trabalho do inconsciente que encontra, pela catexia, a redução da tensão psíquica. "A lembrança sem a emoção que o fato causou não produz resultado. O processo psíquico deve remontar à sua origem e ser verbalizado" (Longo, 2011, p. 19).

Como bem nos assegura Longo (2011) sobre a obra freudiana *Palavras e coisas* (1915), pode-se dizer que a palavra está relacionada a um emaranhado de correlações que compreendem elementos de natureza diversa (visual, acústica e cenestésica). Neste contexto, fica claro que o modo como interagem em acordo com as demandas internas define como se produzem as sensações de bem-estar ou de mal-estar. O mais importante, contudo, é constatar que o significado atribuído à palavra é atravessado pela representação de objeto, não sendo exagero afirmar que não se pode deixar de ressaltar a importância da compreensão sobre as relações objetais (parentais) e seu reflexo sobre a constituição da realidade psíquica do sujeito.

Segundo Peyon (2018), diante do reconhecimento do real na atividade, a subjetividade torna-se necessária como representante da elaboração psíquica, do pensamento e da criatividade diante da imprevisibilidade do trabalho – como as sobrecargas atreladas às descompensações psicológicas no *burnout*. O ambiente laboral pode ser pensado como um teatro virtual pelo qual os sujeitos e o coletivo de trabalho articulam soluções sublimatórias por intermédio das quais atuam mediante a encenação de seus desejos (pulsões parciais) em busca da redução do estresse laboral.

Segundo Vieira e Russo (2019), "o estresse – particularmente o estresse no trabalho – converteu-se hoje num 'fenômeno estruturante da vida' graças a uma relação culturalmente específica entre conhecimento científico, trabalho, saúde e subjetividade" (p. 17). As autoras deixam claro que, quando o trabalhador está diante da possibilidade do fracasso frente ao real da atividade, se depara com a subjetividade sendo mobilizada pela afetividade – e a mobilização, por sua vez, relaciona-se com a gênese das descompensações psíquicas e dos fenômenos psicossomáticos, assim como é impulsionadora do processo criativo que engloba a inteligência responsável pela busca por resoluções produtivas.

> *O estresse, então, pode ser pensado como um produto do ambiente (pressões e coerções sociais) que gera efeitos psicológicos e físicos importantes. É uma categoria, neste sentido, que pode dar conta da circulação entre essas três dimensões, sendo assim, por excelência, "biopsicossocial".*
> *(Vieira & Russo, 2019, p. 14)*

O manejo do *burnout* pode consistir na apreensão acerca dos efeitos do estresse associados a fatores biopsicossociais presentes no ambiente laboral e na história de vida do trabalhador. O método psicanalítico abarca recursos técnico-teóricos que propiciam a investigação do funcionamento psíquico do sujeito diante de sobrecargas de trabalho não elaboradas que produzem o *burnout,* em que a função alfa dirá da capacidade psíquica do sujeito de elaborar simbolicamente frustrações e perdas simbólicas, como os vínculos estruturantes da personalidade resultantes das relações vinculares que atravessam a intersubjetividade do campo social na organização do trabalho, a exemplo da constituição psíquica do sujeito – a falta do vínculo do reconhecimento poderá significar a inversão da função alfa (esvaziamento dos elementos beta), logo a origem das descompensações psicossomáticas no *burnout.*

> *. . . a partir de uma concepção de Bion acerca dos elementos beta, evacuados, de uma função alfa, invertida, e da falta de simbolização, Meltzer propõe incluir o problema da linguagem do corpo na área das sensações somáticas. Os elementos beta, privados de significado, se evacuam através dos distúrbios psicossomáticos, atacando a parte*

fisiológica, como pseudo-símbolos, cuja função é essencialmente simbólica. (Zimerman, 2010, p. 334)

Face ao exposto, pode-se compreender que o autor ressalta a importância da relação entre mãe-bebê (continente-conteúdo) como estruturante do narcisismo durante a organização da personalidade. O vínculo analista-analisando, segundo Zimerman (1999), institui-se a partir desta interrelação diática – assim como analisa a instância superegoica como herdeira do complexo de Édipo –, denominando "vínculo da fala", o vínculo transferêncial necessário ao processo analítico, como formas de linguagem recíproca entre o par analítico durante o decurso da análise pessoal.

A interrelação entre mãe-bebê dá origem ao vínculo do reconhecimento, através do qual o analista deve se orientar ao manejo do estabelecimento vincular – pois, trata-se da base para o processo de amadurecimento da personalidade – e, ainda, por atravessar a cadeia de significantes e a realidade psíquica do sujeito, sendo essencial para a compreensão acerca do sofrimento psíquico no trabalho, e das possíveis intervenções em prol do reestabelecimento psíquico do sujeito frente às relações intersubjetivas, sobrecargas, perdas simbólicas, e frustrações na organização do trabalho – as relações vinculares devem ser consideradas essenciais para uma compreensão mais ampla –, visto que a solidão vivenciada no *burnout* é atravessada pela falta do "olhar reconhecedor do Outro", podendo ser este o líder, o coletivo e ou a organização do trabalho em si. Eis um campo vasto e precioso para futuras pesquisas exploratórias que abarquem uma compreensão mais clarificada a respeito desse pilar da presente temática.

De forma análoga, Bion postula que o homem é um animal político porque não pode realizar-se plenamente fora

> *de um grupo, nem, tampouco, satisfazer qualquer impulso emocional sem que o componente social deste impulso se expresse. Todos os impulsos são também narcisísticos e o problema é a resolução do conflito entre o narcisismo e o socialismo. Pode-se depreender, portanto, que, para Bion, o grupo, com as suas funções de espelhamento e de reconhecimento dos outros, é essencial para o desenvolvimento psíquico do ser humano. (Zimerman, 1999, p. 167).*

O autor deixa claro que as relações intersubjetivas, bem como os vínculos de conhecimento e reconhecimento, são essenciais à saúde mental no trabalho. A natureza humana está intrinsecamente correlacionada a fatores biopsicossociais. Na medida em que as relações objetais primárias organizam a estruturação psíquica do sujeito, a interrelação de mãe-bebê (continente-conteúdo) se dá a partir do vínculo do reconhecimento, e a identificação primária, em face do interdito da lei paternal e da dissolução do complexo de Édipo, passa a ser introjetada pelo sujeito constituindo assim o Superego.

Esses registros simbólicos conferem diversos modos de linguagem recíprocos que permeiam os vínculos *a posteriori*, da mesma forma Freud articulou, em seu escrito "Projeto para uma psicologia científica" (1895), em seção entitulada "Memória e juízo", como sendo o "complexo do semelhante", o momento inaugural da constituição psíquica em que o indivíduo passa a conhecer como "re-conhecer-se", dá-se essa constatação por meio da autorização do Outro para que possa, então, procurar vínculos com os quais se assemelhe ou, então, se diferencie dos demais – implicando diretamente a forma como se relaciona com seus pares e com o ambiente organizacional a partir dos seus registros simbólicos.

Na síndrome de *burnout*, a instância superegoica exerce sua severidade e seu sadismo sobre o ego fragilizado por sucessivas perdas simbólicas no trabalho não possíveis de serem elaboradas e que compreendem a gênese da desfusão pulsional e do movimento regressivo (narcisismo de morte) abarcado pela prevalência da pulsão de morte sobre a pulsão de vida. A dinâmica em questão é a razão do autoflagelo presente no comportamento do trabalhador com quadro comórbido de depressão melancólica/endógena, visto que, em face do real (ferida narcísica) e de seu estado de pobreza simbólica, busca, no ato suicida, o alívio mortífero para seu sofrimento psíquico – uma tentativa de matar o objeto introjetado com o qual se identificou e que o assombra, e problemas relacionais correlacionados aos laços sociais enfraquecidos na organização do trabalho amplificam o estado de desamparo vivenciado pelo trabalhador em sofrimento.

> *A complexidade, estudada pelos autores, os faz constatar, com Bion, que, menos que conteúdos mentais, importam os vínculos que permitem a experiência emocional. O passado, que já passou, é substituído pelo presente do vínculo emocional. E o futuro é visto, também no presente, como uma sombra que o atinge. Por isso a recomendação técnica para que o analista trabalhe: "sem memória, sem desejo, sem intenção de compreender", para que ele possa viver o que está ocorrendo da forma mais pura possível. (Chuster, 2014, p. 14)*

Pode-se apreender que a psicanálise contemporânea tem uma proposta inovadora em termos de abordagem clínica para os estados não neuróticos (neuroses atuais, psiconeuroses e neuroses narcísicas) como um modo de reabilitação da psicanálise que a enaltece ainda mais, colocando-a em evidência enquanto método terapêutico para o tratamento das organizações-limite, como também da síndrome de *burnout*. O manejo do *burnout* deve ser pensado a partir do arcabouço teórico pluralista e multidisciplinar, uma vez que a síndrome de *burnout* não tem uma estrutura/organização da personalidade específica que a precede, sendo passível de uma gama diversificada de configurações psíquicas (tipos de caráter).

Contudo, a clínica psicanalítica contemporânea, em relação ao manejo do quadro de *burnout*, pode ser pensada a partir da viabilização de condições que propiciem o encontro terapêutico num ambiente facilitador que auxilie o desenvolvimento maturacional do sujeito mediante o aprimoramento de sua função simbólica. O estabelecimento do vínculo transferêncial possibilitará a comunicação intersubjetiva entre o par analítico (analista-analisando) e o vínculo da fala então será permeado pelas várias formas da linguagem recíproca no processo de análise; logo, possibilitando que, por meio do laço terapêutico, seja possível a articulação dos significantes atrelados ao sofrimento psíquico, bem como com a rearticulação das representações simbólicas atravessadas pelas relações vinculares precedentes e que, *a posteriori*, poderão ser ressignificadas e rearticuladas a partir da compreensão das experiências que contemplam a existência do trabalhador na organização do trabalho.

5. Considerações finais

O desenvolvimento do presente estudo psicanalítico acerca da psicodinâmica do trabalho teve como objetivo geral apresentar a importância da compreensão do mérito da função paterna na organização do trabalho mediante a constatação da fadiga psíquica na síndrome de *burnout*. Identificou-se a necessidade de compreender acerca da função paterna enquanto função simbólica, estruturante do campo social e do coletivo de trabalho. As sobrecargas de trabalho contribuem com as eventuais descompensações psíquicas, presentes na clínica multicausal que abarca o quadro sindrômico do *burnout*. Pretendendo, ao compreender temática, a obtenção de um modo de prevenção, redução de danos e promoção da saúde psíquica no trabalho.

Por meio das pesquisas bibliográficas do tema, foi possível observar que o estilo de liderança autocrático na organização do trabalho contribui com cargas psíquicas geradoras de insatisfação laboral (desprazer), sendo a inflexibilidade e a rigidez produtoras de sofrimento laboral, pois impossibilitam que os trabalhadores encontrem vias alternativas pelas quais possam canalizar suas descargas

74 CONSIDERAÇÕES FINAIS

pulsionais – como no caso dos atos sublimatórios que conferem ao trabalho função criativa e transformadora que permeia o sofrimento criativo e o aumento da produtividade.

Diante da falta simbólica da lei paternal na organização do trabalho, há a desorganização do grupo e o enfraquecimento do laço social; consequentemente, o ambiente laboral torna-se o gerador do mal-estar que destitui do trabalho seu caráter deôntico, por conseguinte, aumentando o sofrimento ético e as relações conflituosas que causam prejuízo à atividade produtiva e coadjuvam com as sensações de desamparo,e de solidão, vivenciadas pelos trabalhadores que se encontram em sofrimento psíquico laboral. Porém, quando diante do discurso capitalista e da necessidade de sobrevivência, esses trabalhadores alcançam o esgotamento total (*burnout*) de seus recursos psíquicos na tentativa de corresponder às sucessivas expectativas/idealizações irrealizáveis que os objetificam em prol do gozo econômico.

A partir dos conceitos dejourianos de saudável e de patológico, bem como da dinâmica que abarca a dualidade pulsional que os atravessam, observou-se que há uma possível correlação entre a repressão dos afetos na organização do trabalho (autocrática, rígida e inflexível) e o movimento regressivo que acomete a desfusão pulsional, então responsável pelo quadro comórbido, e disfuncional, ligada à depressão melancólica/endógena, e que pode levar o trabalhador ao ato suicida em virtude do *burnout*.

O estilo de liderança democrático na organização do trabalho exerce a função simbólica da lei paternal em prol da estruturação que organiza o funcionamento do indivíduo e do coletivo de trabalho. A instituição de regras de convivência/ofício auxilia no estabelecimento do "sentimento oceânico" no trabalhador, pois confere sentido à subjetividade do sujeito no trabalho enquanto parte integrante da organização do trabalho, favorecendo o fortalecimento do laço social e o bem-estar psicossocial.

A qualidade das relações vinculares se estabelece a partir dos vínculos de conhecimento e reconhecimento, assim como o modo como estes se dão a partir dos processos identificatórios oriundos de dois processos constituintes do psiquismo. As relações objetais primárias trazem à luz a identificação que estabelece, por meio da relação diática entre mãe-bebê a partir do enlace afetivo, a gênese do complexo do semelhante. Na dissolução do complexo de Édipo, a partir do estabelecimento do traço unário como sendo um vínculo identificatório inaugural e correspondente ao significante da imago paterna, há o estabelecimento da instância superegoica (regida pelo normativismo do superego). A identificação do sujeito com seu semelhante e a introjeção da norma paternal, dizem respeito às configurações constituintes da instância superegoica – a morada da consciência moral que avalia as relações do Eu com o seus ideais do Eu.

O sentimento de pertencimento é parte do laço social que edifica o sujeito em face da divisão de tarefas (trabalho real/prescrito, real da atividade) e da divisão dos homens. Caracterizando o trabalho como atividade deôntica, a organização do trabalho e o estilo de liderança podem ser tidos como representantes simbólicos do grande Outro (cultura, figuras parentais). A integração da identidade profissional do sujeito se efetiva mediante relações vinculares e de identificação para o coletivo e com a organização do trabalho.

Mediante o exposto, foi possível examinar o trabalho como fonte de prazer e de sofrimento psíquico. No que tange à fonte de prazer, o labor pode angariar processos criativos que se dão pelos atos sublimatórios que conferem ao trabalhador sentido no trabalho e identidade profissional; o mérito da função paterna na organização do trabalho consiste no manejo das relações intersubjetivas, em prol da ressonância simbólica, que apoiam a liberdade dos trabalhadores em se expressarem livremente acerca das insatisfações e ou do sofrimento no trabalho, bem como torna-se provedora da saúde psíquica no ambiente laboral – pois, por meio da busca de vias alternativas aos atos sublimatórios, os indivíduos encontram no processo criativo a possibilidade de se transformarem a partir da encenação de seus desejos e pulsões que antes não encontraram pela via sexual sua descarga pulsional (satisfação).

Entretanto, o trabalho pode ser fonte de sofrimento psíquico quando, na organização do trabalho, há inibição, repressão dos afetos, falta da liberdade para buscar vias alternativas de sublimação e ausência de outros aspectos que dizem respeito à ressonância simbólica no ambiente laboral. As cargas psíquicas excessivas que acometem o esgotamento total no *burnout* possivelmente estão correlacionadas às sucessivas frustrações diante do real da atividade e de idealizações irrealizáveis abarcadas pelo discurso capitalista ao qual os indivíduos passam a se alienar em virtude da necessidade de sobrevivência.

Diante das sobrecargas de trabalho, o indivíduo se depara com o real, as impossibilidades de si que são atravessadas pelas perdas simbólicas que o conduzem à mortificação do Eu e aos processo de depressão melancólica que podem resultar no suicídio – a anedonia torna-se reflexo da neutralização dos desejos e, quando não há liberdade para se desviar da inibição repressora que amplifica a insatisfação, então, há o aumento do *quantum* de angústia em livre circulação que propicia a desfusão pulsional num movimento regressivo abarcado pela prevalência da pulsão de morte – visto que a sombra do objeto perdido com o qual o sujeito se identificou, em face de suas idealizações, recai sobre o Eu – trazendo à luz o comportamento autodestrutivo atrelado a pensamentos obsessivos em retirar a própria vida, como também se apresentam na despersonalização, na desvalorização da identidade profissional e na fadiga psíquica atrelada ao estresse ocupacional que pode ser descrita como a possível gênese do estado de depressão melancólica que incide sobre a ideação/ato suicida na clínica multicausal interligada à síndrome de *burnout*.

A psicanálise contemporânea é de grande importância como terapêutica pluralista e multidisciplinar, pois é capaz de abarcar o manejo das diversas organizações da personalidade que podem vir a apresentar as descompensações psíquicas atreladas ao sofrimento laboral presente na síndrome de *burnout*. A compreensão acerca das relações vinculares e da história de vida do sujeito são contempladas como essenciais à clínica psicanalítica, sendo articuladas sob o viés filosófico fenomenológico-existencial que angaria ao analista a compreensão mais ampla acerca da experiência da existência do sujeito-trabalho.

Pode-se pensar que, com base nas pesquisas a respeito da psicodinâmica do trabalho, o presente estudo limitou-se a compreender o mérito da função paterna na organização do trabalho, segundo os conceitos dejourianos, a dinâmica pulsional, a economia psicossomática e os fatores de ordem biopsiossocial, sendo observados como fatores que atravessam a prevenção, a redução de danos, e a promoção da saúde psíquica no trabalho. Porém, não obstante, reconhece-se a limitação necessária deste presente escrito acadêmico, já que há um vasto campo para estudos psicanalíticos em torno da temática no que concerne à sua relação com as organizações da personalidade (tipos de caráter) como uma oportuna abertura para futuras pesquisas acerca da relação entre saúde mental-trabalho.

Contudo, foi possível compreender que o mérito da função paterna na organização do trabalho diz respeito ao exercício da função simbólica da lei paternal, pois é essencial à instituição de relações vinculâres que fortalecem os laços sociais coadjuvantes às vias sublimatórias pelas quais se dão o sofrimento criativo e a transformação da identidade profissional diante do sentido no trabalho; por fim, sendo a função parterna responsável pela estruturação e organização da atividade deôntica e da promoção da ressonância simbólica no ambiente laboral.

Referências

Barros, A. J. D. S., & Lehfeld, N. A. D. S. (2007). *Fundamentos da metodologia científica*. 3ª ed. Pearson Prentice Hall.

Borges, Livia de O., & Mourão, L. (2013). *O trabalho e as organizações. Recuperado de* https://integrada.minhabiblioteca.com.br/#/books/9788565852753/.

BRASIL. Ministério da Saúde, Organização Pan-Americana da Saúde. (2001). *Doenças relacionadas ao trabalho: manual de procedimentos para os serviços de saúde*. Brasília, DF: Ministério da Saúde; Opas. 508 p. (Série A. Normas e Manuais Técnicos, n. 114). ISBN 85-334-0353-4. Recuperado de http://renastonline.ensp.fiocruz.br/recursos/doencas-relacionadas-trabalho-manual-procedimentos-os-servicos-saude.

Cervo, A. L., Bervian, P. A., & Silva, R. (2007). *Metodologia científica*. 6ª ed. Pearson Prentice Hall.

Organização Mundial da Saúde. (1993). *Classificação de transtornos mentais e de comportamento da CID-10: descrições clínicas e diretrizes diagnósticas* (Dorival Caetano, Trad.). Artmed.

80 CONSIDERAÇÕES FINAIS

Chemama, R. (Org.). (1995). *Dicionário de psicanálise*. Artes Médicas Sul.

Chuster, A. W. R. (2014). *Bion: a obra complexa*. Sulina.

Codo, W., Soratto, L., & Vasques-Menezes, I. (Org.). (2014). *Psicologia, organização e trabalho no Brasil: saúde mental e trabalho*. Artmed.

Dalgalarrondo, P. (2019). *Psicopatologia e semiologia dos transtornos mentais*. 3ª ed. Artmed.

Dejours, C. (2018). *A loucura do trabalho*. 6ª ed. Cortez Editora.

Dejours, C. (abril-junho 1986). Por um novo conceito de saúde. *Revista Brasileira de Saúde Ocupacional, 54*(14), 7-11.

Dejours, C. (2004). *Da psicopatologia à psicodinâmica do trabalho*. In S. Lancman, & L. I. Sznelman, (Org.). Editora Fiocruz: Paralelo 15.

Freud, S. (2001). *A interpretação dos sonhos*. Imago. (Trabalho original publicado em 1900).

Freud, S, & Breuer, J. (1996). *Estudos sobre a histeria* (1893-1895) (Vol. II).

Freud, S. (2014). *Inibição, sintoma e angústia: o futuro de uma ilusão e outros textos (1926-1929)* (Vol. 17). Companhia das Letras.

Freud, S. (2010). *Introdução ao narcisismo, ensaios metapsicológicos e outros textos (1914-1916)* (Vol. 12).. Companhia das Letras.

Gabbard, G. O. (2016). *Psiquiatria psicodinâmica na prática clínica*. 5ª ed. Artmed.

Galetto, P. C. (2020). *A mercantilização do ensino superior privado e adoecimento laboral – um estudo de caso. Revista Brasileira de Administração Científica, 8*(2), 1-15. DOI:10.6008/SPC2179--684X.2017.002.0001

Hernández, E. G., Pereira, A. M. T. B., Jiménez, B. M., & González, J. L. (2014). Prevenção e intervenção na síndrome de burnout: como prevenir (ou remediar) o processo de burnout. In A. Pereira, A. (Org.), *Burnout: quando o trabalho ameaça o bem-estar do trabalhador*. 4ª ed. Casa do Psicólogo.

Hirata, H. (Org.). (2º sem. 1989). Divisão capitalista do trabalho. Tempo Social. *Revista Sociologia USP, 1*(2).

Knoerr, F. G., & Villatore, M. A. C. (2015). *Direito, economia e desenvolvimento sustentável II*. Conpedi.

Lacaz, F. A. de Castro. (2007). O campo Saúde do Trabalhador: resgatando conhecimentos e práticas sobre as relações trabalho-saúde. *Cadernos de Saúde Pública* [online], *23*(4), 757-766. Recuperado de: https://doi.org/10.1590/S0102-311 X2007000400003.

Leite, S. (2011). *Angústia*. Zahar.

LIMA, M. E. A. (1998). A psicopatologia do trabalho. *Revista Psicologia: Ciência e Profissão* [online]. *18*(2), 10-15. https://doi. org/10.1590/S1414-98931998000200003.

Longo, L. (2011). *Linguagem e psicanálise*. 2ª ed. Zahar.

Manual Diagnóstico e estatístico de transtornos mentais: DSM-5. (2014). 5ª ed. Artmed.

McWilliams, N. (2014). *Diagnóstico psicanalítico: entendendo a estrutura da personalidade no processo clínico*. 2ª ed. Artmed.

Medeiros, A. A., & Calazans, R. (junho de 2021). *A depressão em Freud: uma análise do conceito a partir da teoria freudiana, Tempo psicanal*. 53(1), 108-125. http://pepsic.bvsalud.org/scielo.php?script=sci_arttext&pid=S010148382021000100005&lng=pt&nrm=iso.

Nemiah, J. C. (1972) *Fundamentos de psicopatologia* [título original *Foundations of Psychopathology*]. 4ª ed. Zahar Editores.

Nuttin, J. R. (1972). *Psicanálise e personalidade: uma teoria da personalidade normal dentro de uma concepção espiritualista do homem*. 6ª ed. Agir.

Oliveira, Nilton de. (2018). Édipo: mito e cultura – um recorte psicanalítico-antropológico. Terceira Via.

Paparelli, R., Sato, L., & Oliveira, F. (2011). A saúde mental relacionada ao trabalho e os desafios aos profissionais da saúde. *Revista Brasileira de Saúde Ocupacional* [online]. v. 36, *36*(123), 118-127. https://doi.org/10.1590/S0303-76572011000100011.

Peyon, E. R. (2018). *Sobre o trabalhar contemporâneo: diálogos entre a psicanálise e a psicodinâmica do trabalho*. Blucher.

Volich, R. M. (2016). *Psicossomática de Hipócrates à psicanálise*. 8ª ed. Coleção Clínica Psicanalítica. Casa do Psicólogo.

Roudinesco, E., & Plon, M. (1998). *Dicionário de psicanálise* (V. Ribeiro, & L. Magalhães, Trads.; M. A. C. Jorge, supervisão da edição brasileira). Zahar.

Santos, J. W. (novembro de 2019). A Síndrome de burnout: uma análise social e psicodinâmica. *Revista Científica Eletrônica de Psicologia*, *7*(13). Recuperado de http://faef.revista.inf.br/imagens_arquivos/arquivos_destaque/BceySbdZN5mczCk_2013-5-13-14-51-20.pdf.

Santos, M. A. F. (2009). *Patologia da solidão: o suicídio de bancários no contexto da nova organização do trabalho*. [Dissertação de Mestrado em Administração, 223 fls., Universidade de Brasília]. Repositório Institucional da UnB. https://repositorio.unb.br/handle/10482/4266

Schwartzman, R. S. (1997). Psiquiatria, psicanálise e psicopatologia. *Revista Psicologia: Ciência e Profissão* [online]. *17*(2), 33-36. Recuperado de https://doi.org/10.1590/S1414-98931997000200005.

Selligmann-Silva, E. (set./out. 1992). A inter-relação trabalho--saúde mental: um estudo de caso. *Revista de Administração de Empresas.* 70-90.

Selligman-Silva, E. (2011). Trabalho e desgaste mental: o direito de ser dono de si mesmo. Cortez Editora.

Silva, M. da R., Gasparetto, L., & Mengden Campezatto, P. von. (2015). Psicanálise e psicoterapia psicanalítica: tangências e superposições. *Revista Psicologia e Saúde,* 7(1). https://doi.org/10.20435/pssa.v7i1.401.

Solomon, A. (2018). *O demônio do meio-dia: uma anatomia da depressão.* 1ª ed. Companhia das Letras.

Souza, A. V. de, Garcia, K. das N., Morilha, T. H. M., & Hamparian, C. G. (2021). *Contribuições psicanalíticas acerca do luto e da melancolia,* 4(7), 1-13. https://doi.org/10.24980/ucsb.v4i7.4907.

Szasz, Thomas S. (1975). *A ética da psicanálise.* Zahar Editores.

Zanelli, J. C., Borges-Andrade, J. E., & Bastos, A. V. B. (2014). *Psicologia, organizações e trabalho no Brasil.* https://integrada.minhabiblioteca.com.br/#/books/9788582710852/.

Zimerman, D. E. (1999). *Fundamentos psicanalíticos: teoria, técnica e clínica – uma abordagem didática.* Artmed.

Zimerman, D. E. (2010). *Os quatro vínculos: amor, ódio, conhecimento, reconhecimento na psicanálise e em nossas vidas.* Artmed.

GRÁFICA PAYM
Tel. [11] 4392-3344
paym@graficapaym.com.br